学校・教員と地域社会

大坪正一・平田淳・福島裕敏 編著

東信堂

まえがき

　2006年に出された中央教育審議会(以下、「中教審」)答申『今後の教員養成・免許制度の在り方について』及び2007年の『教育基本法の改正を受けて緊急に必要とされる教育制度の改正について』においては、教員免許更新制の導入が相次いで提言された。2006年に改定された新教育基本法においては、それまでは第6条2項に規定されていた教員に関する事項が、第9条1・2項においてより詳細に規定されることとなった。そこでは「自己の崇高な使命を深く自覚し、絶えず研究と修養に励み」(1項)、「養成と研修の充実が図られなければならない」(2項)とされている。旧法ではバランスが取られていた「職責の遂行」(つまり義務)と「身分の尊重」「待遇の適正」(つまり権利)の関係が、より義務に比重を置くような形で改定されたのである。この新教育基本法の下、2007年には教育職員免許法が改定され、教員免許更新制が導入された。これは10年に1度教員免許の更新講習を受け合格することを教員に義務づけるものであり、更新に失敗した場合免許は失効するという、諸外国を見ても稀に見る教員への管理強化政策である。

　こういった改革を受けて筆者も、2008年度以降(同年は試行、本格実施は2009年度から)毎年夏と冬に数回免許更新講習において講師をしている。筆者はそれぞれの授業の冒頭に受講者に問う事項を決めている。それは「今日、『さあ、しっかり勉強しよう。大学での授業なんて久しぶりだから楽しみだ』と思ってここに来た人、手を挙げてください。」という問いである。手が挙がるのは、よくて数名、大体皆無である。「『なんかよくわかんないけど、行かないとクビになるってんで、仕方なくやってきた』という人、手を挙げてください」と問うと、ほぼ全員が苦笑いをし

ながら手を挙げる。教員は学ぶことが嫌いなのだろうか？いや、そうではない。日々複雑化する課題に応えることが要求される学校現場においては、多くの教員が山積する難題に対処するための様々な知恵やサポートを必要としていることは、広く指摘されているところである。しかし、免許更新講習に望んでやってくる教員は、管見の限りほとんどいない。つまり、教員のニーズと行政による「必要な諸条件の整備確立」(旧教育基本法第10条2項)が合致していないのであり、教員にとって教育行政が「公正かつ適正」(新教育基本法第16条1項)なものとなっていないという現実が読みとれる。

　「教師受難の時代」と言われて久しい。時代背景の変化により以前と比較すると相対的に低下してきた教員の社会的地位、それに反比例するかのように年々肥大化する教員に期待される職務の数々、年々増えるペーパーワークと年々減っていく子どもと触れあう時間的精神的余裕、「イチャモン」の増加、教員評価や免許更新制などの「教員査定」制度の導入など、近年指摘されている教員の「多忙化」の原因と考えられるものは、数え上げれば枚挙にいとまがない。こういった環境の中で精神的に病んでしまい、休職や早期退職に追い込まれる教員の数は年々増加しており、最悪の事態として自殺をしてしまう教員も出てきた。こういった事実は広く世に知られていることではあると思うが、それでも「教員になりたい」「子どもが好きだ」という学生は非常に多い。教員養成学部において教員志望の学生と日々接し、情熱に溢れ理想に燃え、子どもをより良く導きたいという想いで多くの課題に取り組んでいる彼らに対し、将来待っているであろう苦難の数々を教えなければならないことに、何か矛盾のようなものを感じる。教員が、学校が、教育が困難な時代を迎えていることは間違いない。だとすれば、教員を取り巻く外部環境がしなければならないことは、教員への管理を強め、彼らを厳格な統制下に置くことではなく、彼らのニーズを汲み取り、サポートをしていくことではないだろうか。現在の日本の教育状況がそうなっているのか、甚だ疑問に感じる。2011年10月21日付毎日新聞朝刊は第一面で、中教審が教員

免許取得に際して国家試験を導入する方向で議論を進めていることを報じた。これは後に、中教審「教員の資質能力向上特別部会」座長メモには検討事項として「教員免許の国家資格化（国家試験による）の検討」という文言はあるものの、本格的な課題としてテーマに挙がっているわけではないことが明らかとなったが（『内外教育』2011年12月9日）、もし実現すれば10年経験者研修、教員評価、教員免許更新制に続く、教員に対する管理統制のさらなる強化となっていただろう。但し、楽観はできない。中教審の「教員の資質能力向上部会」の座長がこのような考えをもっているという事実は、いつこれが具体的な改革の対象となってもおかしくないことを示していると言えよう。

　さらに大阪府では、知事を辞職した橋下徹氏が大阪市長選に鞍替え立候補し、また自身が代表を務め、府議会で過半数を占める会派である「大阪維新の会」の幹事長である松井一郎氏を府知事選に擁立し、それぞれ当選した。大阪維新の会は数の勢力を使って、学校行事での日の丸・君が代の強制や、教員評価を強化しそこに相対評価を導入することによって、必ず毎年一定数の教員が不合格となり、2年連続で不合格の教員は分限処分等を行うことを可能とする「大阪府教育基本条例」なるものの成立を目指している。教師受難の時代は、勢いを増しつつ、なお続くようである。

　ところで、2部構成を採っている本書は、弘前大学に所属する、あるいは所属していた研究者が執筆している。弘前大学教育学部は2004年に、日本の大学で初めて、そして現在でも唯一の『教員養成学研究開発センター』を立ち上げ、以来教員養成プログラムの開発と研究に学部を挙げて取り組んでいる。このようにして教員養成を行っていく中で、教育学を専門とする本学部の研究者が、上述のような問題関心を共有し、教員養成を初めとする日本の教員を取り巻く環境を改善し、教育改革を前進させていくためには何が必要かを、それぞれの専門領域・関心に基づいて執筆し、集約したのが本書の第1部である。

　福島論文「現代教員養成改革下の弘前大学教育学部における教員養成

——卒業時アンケート調査にもとづく効果検証の試み」は、日本の教員養成制度改革を概観したうえで、近年の全国的な教員養成プログラム改革の中で本学部が行っている教員養成実践に焦点をあて、ここ10年の改革の到達点と成果を検証し、さらなる改善を行うには何が必要なのかを実証的に探究するものである。

遠藤論文「シュタイナーの教員養成論と《芸術による覚醒》」は、日本における教員養成の比較対象としてドイツのシュタイナー教育を採りあげている。そこでは、シュタイナーが教師に必要な資質能力をどのように考え、その資質能力を如何なる方法によって育成しようと考えていたのか、つまりシュタイナーの教員養成論を、「人智学」やその源流に位置づくゲーテの認識論・世界観など、可能な限りその哲学的・思想的背景にまで踏み込みながら明らかにしている。遠藤氏は現在は岩手大学教育学部教授の任にあるが、前任校は弘前大学教育学部であり、教員養成学研究開発センターの発足に尽力され、その初代センター長を務められた。

平田論文「カナダ・オンタリオ州における教員管理政策の変容——政権交代のインパクト」は、カナダ・オンタリオ州を例にとり、教職の道に入った教員のさらなる力量形成のために採られ得るアプローチは管理統制の強化なのか、あるいはサポートの充実なのかを、政権交代による教員関連政策の変容を対象として、特に教員業績評価と初任者研修のあり様に焦点を当てて検討している。

ところで、本学のような地方の旧国立大学は、旧帝大とは異なり、地域との関係性の中で大学運営・研究・教育実践を行っていくことが求められる。そこでは、地域に根付いた、地域との連携・協働の中での教育という視点が重要になる。つまり、学校という枠に捕らわれず、広く地域社会全体の中に教育という営みを位置づけることとなり、学校外教育としての社会教育が重要な機能を果たすことが期待される。こういった文脈の中で本学では、1996年に「生涯学習教育研究センター」を設置し、以来「地域社会における教育」の観点から調査研究及び研究成果の普及に努めている。そこで本書の第2部では、地域社会との関連性の中で教育

というものをどう捉えるのか、というテーマを設定した。

　大坪論文「教育実践研究と地域」は、地域と教育を結びつける研究の視点から、近年批判を受けているとされる教育学の閉鎖性、教育的価値への不信などを、地域社会が持つ教育機能やそれを結集する形での国民教育運動という視点から、教育研究が地域を通して深めなければならなかったものを追究し、そこから新教育基本法成立など新自由主義的教育政策が進展する今日的状況のなかで、教育学の方向性を見いだそうとするものである。

　佐藤論文「平成10年代の学校教育の動向と社会教育行政の変質」は、臨時教育審議会(以下、「臨教審」)以降現在に至るまでの教育改革、特に平成10年代に焦点を当て、臨教審から平成8年中教審答申、平成10年告示学習指導要領が「教育の人間化・非競争主義的自己実現の視点」を中核においていたのに対して、特に小泉改革以降「教育の経済化・競争主義的自己実現の視点」を前面に押し出すに至った中で、社会教育(行政)が機能変容し、学校教育の補完化が目指された政策傾向に関して検討を加えている。佐藤氏は1996年から2002年まで生涯学習教育研究センター長を、2007年4月から1年間、教員養成学研究開発センター長を、2002年から2008年まで教育学部長を務められた。

　深作論文「子どもたちは学校外で何を学ぶのか――子どもの社会教育について考える」は、「大人と子どもが交わる機会が減少している」が、「それでも子どもは遊んでいる」という現状において、「子どもの成長における『遊び』の重要性を指摘したうえで、学校外教育たる地域における社会教育の中で、大人がどう子どもの主体的な遊びに関わり、これをサポートすることができるのかについて、理論的にかついくつかの調査結果から検討している。深作氏と次章の藤田氏は、本学生涯学習教育研究センターの専任教員である。

　藤田論文「生涯学習を拓く大学での学び」は、「地域社会における学校」として特に大学に焦点をあて、地域社会での学生の学びや、大学としての地域住民の学びへの貢献など、その双方向的な教育・学習機能につい

て検討している。そこでは、学生の学習力を向上させる上で地域・社会の課題と関わりを持つことが必要とされる一方、学生が持つ教育力を重視する必要があること、大学は生涯学習の活動を行う上で重要な役割を果たしていること、「社会参加」と「社会的排除」について生涯学習の視点から位置づけることができること、などが結論として導出されている。

　本書所収の7論文は、「教員」と「地域社会」という2つの視点に分類はされるものの、それぞれが対象としている事項は多岐にわたる。そのため、それぞれは基本的に個別の研究成果である。他方で、読者諸氏の関心に基づいていくつかの論文を関連させて読むこともできる。たとえば教育実習等で地域の学校に行く場合、基本的には学生がそこで様々なことを学ぶことになるが、逆に若い学生が学校現場に行くことにより中堅以上の教員にとって刺激となったり、あるいは子どもにとってもいつもの担任教員とは違う何かを得る機会となるということは、十分あり得る。つまり、福島論文と藤田論文を重ねて読むことにより、それぞれの論文のみからでは読みとれなかった新たな知見が得られるであろう。あるいは、遠藤論文はシュタイナー教育という、ある意味日本の教育とは対極にある実践を担う教員に必要とされる資質能力とは何かについて論究しているが、その視点から福島論文で検討されている、現在の日本における教員養成改革の方向性を分析した場合、違う結論となるかもしれない。また、佐藤論文は学校教育の補完化という社会教育行政政策の変容を指摘しているが、深作論文はそういう状況下でも学校外教育活動を通しての子どもの遊びや学びが重要であることを指摘している。大坪論文は新自由主義的教育政策が進展する日本の今日的状況のなかで、教育学の方向性を見いだそうとするものであるが、平田論文では同じくいわゆる新右翼の立場から進められていたカナダ・オンタリオ州の教員管理・査定政策が、政権交代を契機として転換し、教員に対するサポートを重視する政策がとられるようになったことを明らかにしている。つまり、ここでの知見は、教育改革において新自由主義に対する対抗軸が模索されている現在の日本の教育（学）研究に、一定の示唆を与え得る。こ

のように、読者それぞれがそれぞれの関心に基づいて読み合わせて頂ければ、幸いである。もちろん、すべての論考に当たって頂ければ、この上ない幸いである。

　2009年の政権交代後、金銭スキャンダルなどのゴタゴタや普天間問題、東日本大震災、環太平洋戦略経済連携協定(Trans-Pacific Partnership: TPP)への参加問題などのため、日本の教育改革は停滞している。この機会に、過去20年間に途絶えることなく、かつ矢継ぎ早に行われてきた様々な教育改革施策の成果を、一度検証しておく必要があろう。そしてこれを、拙速に改革を進めるのではなく、一度じっくりと腰を据えて、「国家百年の大計」たる日本の教育の将来像、ひいては日本という国家の将来像をどう描くかを、国民一人ひとりが真剣に考える機会にしたい。本書がその一助となれば、望外の喜びである。

　2011年12月

弘前大学教育学部教育学科教室
編著者一同
大坪正一
平田　淳
福島裕敏

目次／学校・教員と地域社会

まえがき　編著者一同……………………………………………………… i

第1部　教員と教員政策

1　現代教員養成改革下の弘前大学教育学部における教員養成
　　——卒業時アンケート調査にもとづく効果検証の試み　………福島裕敏　5
　はじめに………………………………………………………………………… 5
　1．現代教員養成改革の動向………………………………………………… 6
　2．弘前大学教育学部における教員養成改革………………………………12
　3．新旧教員養成カリキュラム下における学生の教職意識………………17
　むすび……………………………………………………………………………28

2　シュタイナーの教員養成論と《芸術による覚醒》…遠藤孝夫　33
　はじめに…………………………………………………………………………33
　1．シュタイナー学校の教員養成と「芸術科目」…………………………35
　2．シュタイナーの認識論と《芸術》………………………………………37
　3．教員養成と《芸術による覚醒》…………………………………………42
　おわりに…………………………………………………………………………50

3　カナダ・オンタリオ州における教員管理政策の変容
　　——政権交代のインパクト　……………………………………平田　淳　55
　はじめに…………………………………………………………………………55
　1．オンタリオ州の教育制度概観……………………………………………57
　2．教員業績評価（TPA）……………………………………………………60
　3．初任者研修（NTIP）………………………………………………………68
　4．考察——教育改革における政権交代のインパクト……………………73
　5．結論——管理統制の強化か、サポートの充実か？……………………79

第2部　教育と地域社会

4　教育実践研究と地域 …………………………………大坪正一　87
　　はじめに……………………………………………………………87
　　1．教育学の閉鎖性と地域……………………………………………89
　　2．教育的価値と地域…………………………………………………96
　　3．国民教育運動と地域………………………………………… 104

5　平成10年代の学校教育の動向と社会教育行政の変質 … 佐藤三三　115
　　はじめに………………………………………………………… 115
　　1．『平成10年告示学習指導要領』の基本的性格 ………………… 116
　　2．『平成10年告示学習指導要領』に対する社会教育行政の対応 … 120
　　3．学力低下論の真意………………………………………………… 122
　　4．学校（教師・児童・生徒）の現在……………………………… 126
　　5．社会教育行政の変質——学校教育補完のための動員型社会教育行政へ … 129
　　おわりに………………………………………………………… 136

6　子どもたちは学校外で何を学ぶのか
　　　——子どもの社会教育について考える ………………… 深作拓郎　141
　　はじめに——子どもたちの"今"……………………………… 141
　　1．子どもの成育空間の再構築の必要性…………………………… 142
　　2．遊びの支援とは………………………………………………… 145
　　3．子どもは地域や他者との関わりをどのように広げていくのか … 148
　　4．子どもを主体に捉えた大人の関わりについて考える………… 153

7　生涯学習を拓く大学での学び …………………… 藤田昇治　161
　　はじめに………………………………………………………… 161
　　1．大学での学びと地域での学び——学生の学習力の向上を図る …… 162
　　2．生涯学習論の問い直し——「自己完結的な自己」から「社会的自己」へ … 166
　　3．「社会的排除」と「社会参加」——生涯学習の視点から ………… 173
　　おわりに………………………………………………………… 182

あとがき　編著者一同……………………………………………… 185
執筆者紹介……………………………………………………………… 187
索　引…………………………………………………………………… 189

学校・教員と地域社会

第1部　教員と教員政策

1　現代教員養成改革下の弘前大学教育学部における教員養成
　　――卒業時アンケート調査にもとづく効果検証の試み

　　　　　　　　　　　　　　　　　　　　　　　　福島　裕敏

2　シュタイナーの教員養成論と《芸術による覚醒》

　　　　　　　　　　　　　　　　　　　　　　　　遠藤　孝夫

3　カナダ・オンタリオ州における教員管理政策の変容
　　――政権交代のインパクト

　　　　　　　　　　　　　　　　　　　　　　　　平田　淳

1 現代教員養成改革下の弘前大学教育学部における教員養成
——卒業時アンケート調査にもとづく効果検証の試み

福島　裕敏

はじめに

　今日、教員養成改革は、現代日本における1つの教育課題となっている。ここ10余年だけでも、1997年の教育職員養成審議会第一次答申『新たな時代に向けた教員養成の改善方策について』を皮切りとして、2006年7月の中央教育審議会(以下、中教審と略す)答申『今後の教員養成・免許制度の在り方について』まで、計6本の教員養成に関わる国レベルの答申が出されている(佐久間、2011)。また、2010年6月には中教審に『教職生活の全体を通じた教員の資質能力の総合的な向上方策について』が諮問され、そこでは『教職生活の各段階で求められる専門性の基盤となる資質能力を着実に身に付けられるような新たな教員養成・教員免許制度の在り方について』(中央教育審議会、2010)を1つの柱として、現在審議が継続されている。この他、特筆すべきものとして、2001年11月文部科学省高等教育局専門教育課『今後の国立の教員養成系大学学部の在り方に関する懇談会報告書(以下、『在り方懇報告書』と略す)』がある。この報告書を契機として、国立の教員養成系大学・学部のみならず、従来の教員養成の在り方が厳しく問われるようになった。

　弘前大学教育学部では、この『在り方懇報告書』を契機とした北東北3県の教育学部再編統合問題に取り組む中で、教員養成改革に着手し、教員養成学研究開発センターをメイン・エンジンとして、2004年度以降入学者から新しい教員養成カリキュラム改革をおこなってきた(佐藤、2007)。「教員養成学」とは、「教員養成学部における教員養成活動全体を自律的かつ不断に検証・改善し、質の高い教員養成を実現するための理論と方法論からなる、極めて実践的な学問領域」(遠藤、福島、2008、ii頁)

である。その「学」としての成否については学内外において議論があるところであるが(山崎、2008、平田、2009)、それを旗印としながら、日本全体の教員養成改革動向と全く無縁ではないにせよ、一定程度の「自律性」をもって教員養成改革がおこなわれてきた。

このようなアンビヴァレントな性格をもつ弘前大学教育学部の教員養成カリキュラム改革が、実際にはどのような効果をもたらしてきたのか、とりわけ学生の教職意識等にいかなる変容がみられるのかについて考察することが、本章の目的である。すでに、この改革による学生の教職意識等の変容を包括的に論じた研究として、豊嶋、平岡、福島(2009)の研究が挙げられるが、研究の対象が改革2年目の卒業生までに限られており、また本章が注目するような日本全体の教育改革動向の影響を明確に意識して分析がなされている訳ではない。

以下では、はじめに現代日本における教員養成改革がいかなる基底的な文脈において進んできているのかについて考察し、次に弘前大学教育学部における教員養成改革とこれら改革動向との関連について論じた上で、学生の教職意識等の変容をもとに、いかなる教員が養成されているのかについて考察していく。

1．現代教員養成改革の動向

(1) 教員養成改革の基底的文脈

1990年度半ば以降、新自由主義を基底的文脈とした教育改革が進められてきた。その特徴は、「教育システムに対しての直接的な政府のコントロールを減らした(事前規制を緩めた＝規制緩和)こと、同時に市場原理を大胆に導入した淘汰を促すことで全体としての質の維持を企図したこと、そして目標管理を媒介とした事後チェック(評価)システムとそれに連動した資金配分システムを導入したこと、等になろう」(岩田、2011、16頁)。この改革の潮流は、義務教育から高等教育、ひいては社会教育に至るまで、教育に関わるあらゆる領域において及んでいるといえる。

とりわけ、教員養成改革を考える際、重要となってくるのは、教員制度改革と高等教育改革の動向である。というのも、教員の身分、地位、その専門性などをめぐる改革は、養成段階の在り方にも当然ながら影響を及ぼすからである。また戦後日本において「大学における教員養成」が一つの原則となっている以上、その養成の場である大学を取り巻く高等教育改革の動向にも留意する必要がある。

① 教員制度改革の動向

　教員制度改革は、2000年代に入って本格的に展開し、教員人事考課、優秀教員の認定・表彰と特別処遇、「不適格教師」「指導が不適切な教員」の認定・研修義務・教職身分の剥奪を可能とする法改正、さらには2007年には教員免許更新制の導入など、急速に進んできた。その際、改革推進側が「『教師に対する信頼回復』とそのための鍵としての『教師の専門的力量向上』とを『改革』の理由として強調」(久冨、2008、4頁)している以上、当然ながら大学における教員養成の在り方も大きく問われることになる。実際、後述するように2006年の中教審答申『今後の教員養成・免許制度の在り方について』では、「教員免許更新制の導入」とともに、「教職課程の質的水準の向上」「教職大学院の創設」が改革の柱として示されていた。

　このような教員の質に関する管理統制が進む一方で、いわゆる「民間人校長」の登用、教員免許をもたない一般人への特別免許付与制度の創設、社会人の特別講師の採用といった一般・社会人の教職への登用が強調されてきた。そこには内閣府直轄の規制改革・民間開放推進会議に代表される教職への参入をめぐる規制緩和の流れを指摘できる(岩田、2007)。それは一見すると、先の管理統制の流れと背反する動きのようにも思われるが、教員人事考課などの一連の改革において問われていた「質」が、教員としての職務遂行能力を意味しているとすれば、教員免許の有無の問題が後景に退くことも首肯できる。内閣府がおこなったアンケート(内閣府、2005)に、「ある私立学校では、採用試験の際に教員免許の有無を不問として人材を募集し、その中で免許なしで採用した方が適

任であることを確認しつつ、通信教育等で教員免許を取得させた後、常勤教員として極めて適任な人が採用できたという例があります。こうした採用方法の拡大について、どのようにお感じになりますか。」という設問があるが、そこには「実際に職務が全うできるかどうかが問題なのであって、免許の有無は二の次」といった認識を読み取ることができる。

このように、一連の教員養成改革においては、「教員に対する信頼回復」と「教員の専門的力量向上」を謳い文句としながら、教員としての職務遂行能力に基づく管理統制の強まりがみられるようになっている。

② 高等教育改革の動向

高等教育においては、1991年の大学設置基準の大綱化を皮切りに、国立大学の法人化、事前規制から事後規制への移行、第三者評価制度の導入がなされるなど、高等教育の市場化が進行している(佐久間、2010)。国立大学においては、それぞれの大学が運営の面で独自性を出すことが求められるようになるとともに、大学の実績や成果に応じて運営費交付金の配分額が決定されるようになり、競争的な環境のもとにおかれるようになってきている。実際、高等教育の予算配分における競争的資金の比重が増え、「特色ある大学教育支援プログラム」が始まり、2005年には教員養成を行う大学を対象とした「教員養成 GP(Good Practice)」もおこなわれた(岩田、2011)。また 2002 年の中教審答申『大学の質保証に係る新たなシステムの構築』や 2008 年の同答申『学士課程教育の構築に向けて』をはじめとする一連の答申において、高等教育の「質保証」が問題となってきている。加えて、2005 年の答申『我が国の高等教育の将来像』にみられるように、国際協力、公開講座や産学官連携等を通じたより直接的な貢献や今後の様々な人材需要への対応など、社会との繋ぎが求められていることが強調されている(中央教育審議会、2005)。

なお、国立の教員養成系大学・学部に対しては、国立大学法人化に先立って 2001 年 11 月『在り方懇報告書』が出されている。この報告書の「Ⅲ　今後の国立の教員養成大学・学部の組織・体制の在り方」においては、これら教員養成大学・学部の再編統合が示されていた。実際に再編・統

合をおこなったのは、島根大学と鳥取大学の例にとどまったものの、上述した高等教育における競争的環境の強まりや少子化に伴う教員労働力市場の縮小（岩田、2007）、さらには大都市部における私立大学の小学校教員養成への参入といった状況下において、将来における再編統合への懸念は依然として払拭されていないように思われる。また『在り方懇報告書』の「学部段階における養成機能が実践的指導力を育成するものとなっていない」などの批判は、その後の多くの教員養成系大学・学部における「生き残り」をかけた学部及び大学院における養成及び現職教育の見直しをもたらしている（山﨑、2008）。

(2) 教員養成改革の動向

　これまで近年の教員制度改革と高等教育改革とについて考察してきた。両者を視野に入れた場合、教員養成機関には、教員としての職務遂行能力を中心とした「教員の専門的力量向上」とその「質保証」をおこなっていくことが強く求められるとともに、その成果を外部に対して明示し、他の機関との競争をおこなっていくことが強いられているといえるだろう。特に、旧国立系教員養成大学・学部においては、そのことが強く問われてくる。

　2006年に出された中教審答申『今後の教員養成・免許制度の在り方について』（中央教育審議会、2006）では、「教職大学院の創設」と「教員免許更新制の導入」と並んで、「教職課程の質的水準の向上」がその改革の柱の一つとして示されている。同答申では、「(1)基本的な考え方－大学における組織的指導体制の整備－」にもとづき、「(2)『教職実践演習（仮称）』の新設・必修化」「(3)教育実習の改善・充実」「(4)『教職指導』の充実」「(5)教員養成カリキュラム委員会の機能の充実・強化」「(6)教職課程に係る事後評価機能や認定審査の充実」の具体的方策を挙げている。

　なかでも「(2)『教職実践演習（仮称）』の新設・必修化」は、上記の(3)～(6)を推進し、(1)を実現する上で重要な位置を占めている。同答申では、「今後、課程認定大学においては、教職課程の履修を通じて、教員とし

て最小限必要な資質能力の全体について、確実に身に付けさせるとともに、その資質能力の全体を明示的に確認することが必要であ」り、その具体的方策である「教職実践演習」は、教職課程の他の科目の履修や教職課程外での様々な活動を通じて学生が身に付けた資質能力が、教員として最小限必要な資質能力として有機的に統合され、形成されたかについて、課程認定大学が自らの養成する教員像や到達目標等に照らして最終的に確認するものである。学生はこの科目の履修を通じて、将来、教員になる上で、自己にとって何が課題であるのかを自覚し、必要に応じて不足している知識や技能等を補い、その定着を図ることにより、教職生活をより円滑にスタートできるようになることが期待される」としている。また「教職実践演習(仮称)の円滑かつ効果的な履修を行うためには、課程認定大学においては、(5)で述べる教員養成カリキュラム委員会等において、入学直後からの学生の教職課程の履修履歴を把握し、それを踏まえて、指導に当たることが必要である」とされる。このように「教職実践演習」は、課程認定大学が教員の資質能力を明示し、その確認＝質保証をおこなう手段として位置づけられている。

　答申では、この科目に含める内容として、①使命感や責任感、教育的愛情等に関する事項、②社会性や対人関係能力に関する事項、③幼児児童生徒理解や学級経営等に関する事項、④教科・保育内容等の指導力に関する事項を挙げている。これらの区分は教員免許法で定められている科目区分とは必ずしも対応しておらず(特に②③)、むしろ実際の教職生活における必要性にもとづいたものとなっている。実際、「課程認定大学が有する教科に関する科目及び教職に関する科目の知見を総合的に結集するとともに、学校現場の視点を取り入れながら、その内容を組み立てることが重要」「教職経験者を指導教員に含め、授業計画の作成や学生に対する指導、評価等の面で、学校現場の視点が適切に反映されるよう留意する必要がある」「教職経験者が評価に加わること等、学校現場の視点も加味した、適切な評価が行われるよう工夫する必要がある」など、学校現場の視点が強調されており、教員としての職務遂行能力の育成を

強く指向するものとなっている。また答申には、別添資料として、具体的な授業内容例や到達目標とその確認指標例が示されているが、「教育に対する使命感や情熱を持ち、常に子どもから学び、共に成長しようとする姿勢が身に付いている」「組織の一員としての自覚を持ち、他の教職員と協力して職務を遂行することができる」「子どもとの間に信頼関係を築き、学級集団を把握して、規律ある学級経営を行うことができる」「板書、話し方、表情など授業を行う上での基本的な表現力を身に付けている」など、「伝統的教職観」に基づく、既存の学校現場において職務遂行に必要な実践のスキルや心構えといったものとなっている。

今日の教員養成改革を見た場合、教員の資質能力に関する質保証と既存の学校現場における職務遂行能力の育成という2つの文脈を指摘できるが、これらはそれぞれ「教員免許更新制の導入」と「教職大学院の創設」とに通底するものである。このような改革の指向性は、大学における教員養成の自律性を狭め、教員としての職務遂行能力の育成へとその内実を収斂させていく可能性をもつものである。先に述べた「教員養成GP」などにみられる傾斜的な予算配分策により、国家の求める教員養成への指向性が強まる可能性も否定できない（岩田、2007）。また国立系教員養成大学・学部においては、各年度の教員採用率が各機関の「成果」として公表されており、そのことも既存の学校現場を前提とした教員養成へと向かわせる要因になっているといえよう。しかしながら、教員の資質能力に関する「質保証」、そのための教員養成カリキュラムや組織体制の整備そのものは決して不問とすべきものではなく、むしろ国家による統制を阻むためにも必要なことと思われる。また学校現場との関わりをもつこと自体、既存の学校教育の在り方を研究的視点からとらえ直す可能性をもつ以上、一概に否定すべきことではないと考える。さらに「教職実践演習」を例にとってみても、課程認定大学が自律的に養成すべき教員像を作成すべきとされており、上述の答申で示された到達目標もあくまでも例として示され、その内容も抽象的なものにとどまっている以上、個々の大学の裁量の余地は残されているといえよう。

2．弘前大学教育学部における教員養成改革[1]

（1） 教員養成改革の概要

　弘前大学教育学部では、教員養成カリキュラム改革をおこない、2004年度入学者から実施してきた。この改革の直接的契機となっているのは、冒頭でも言及した2001年11月の『在り方懇報告書』である。この報告書を引き金とする北東北地区3大学(秋田大学、岩手大学、弘前大学)の教員養成学部の再編統合問題が浮上する中で、弘前大学教育学部は、これまでの無自覚で「予定調和的」(横須賀、2010)な教員養成の在り方を反省し、大学として教員養成に責任を負うことを自覚するに至り、教員養成を担う一つの学部として、自ら掲げる教員像に向けてカリキュラムと組織両面における改革に取り組み、不断に検証・改善していくことを自らに課した(佐藤、2007)[2]。2002年9月の学部基本構想委員会『教員養成系学部の再編・統合試案』(豊嶋、2007)[3]において、新しい教員養成カリキュラムの基本方針や新生教育学部のメイン・エンジンとしての「教員養成学研究開発センター」の構想が提起され、この『試案』にもとづき改革が進められていった[4]。

　教員養成カリキュラムが目指す教員像は、「児童生徒に働きかけ、その反応を読みとり、働きかけ返す力をもつ教育プロフェッショナル」である。それは、ある状況で有効だった教育的働きかけが別の状況でも必ずしも通用するとは限らないという教育実践の文脈依存性に伴う「風土病的不確実性」(Lortie, 1975)に向き合い、個々の子どもや状況に即した教育的働きかけをおこなう「反省的実践家」(ショーン 2001、佐藤 1997)と多分に重なるものである。また、このような反省(省察= reflection)を積み重ねていく中で、自らの生涯にわたって職能成長を図っていく教員が想定されている。そこで「卒業後も自らを教育プロフェショナルとして高度に発展させていく自己指導力に溢れた学生」の養成に向けて、図1－1[5]に示すような「大学で学んだことが実際の教育現場でどう有効に働くかを検証し、それをもとに学び直し専門性と自律力を発展させていけ

るカリキュラム」(豊嶋、2007)が構想された。

この教員養成カリキュラムでは、すべての授業科目は、①「自己形成科目群」(教育プロフェッショナルとしての自己形成の基礎となる知識とスキル、教職への確かな展望を着実に定着させることをねらいとする)、②「学校臨床科目群」(多様かつ長期にわたる学校臨床の体験を通じて、自らの知識とスキルの不十分さに気づかせること、より高い専門性へのニーズを引き出すこと、児童・生徒の成長と発達についての理解を深めることをねらいとする)、③「教員発展科目群」(学校臨床科目群での体験を基に、各人の個性や得意分野を深

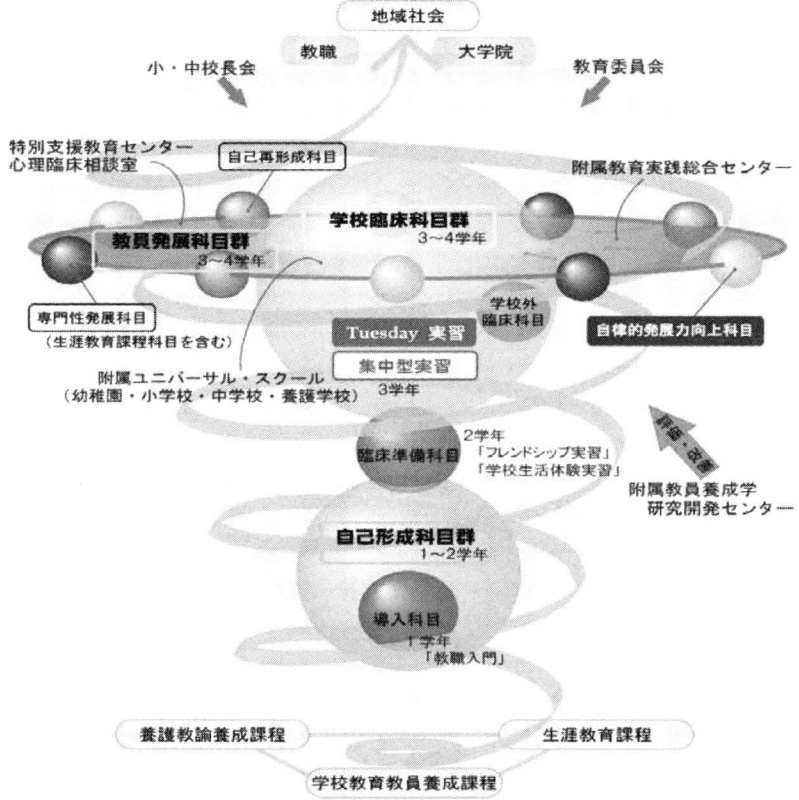

図1-1　教員養成カリキュラムの全体構造図
出典：(弘前大学教育学部、2009、10頁)

化・発展させること、時代の要請に応える資質・能力を養い、一層の自己形成を図ること、教員としての力量を自律的・持続的に高めることをねらいとする)のいずれかに位置づけられることになり、2007年度から「学習案内」を通じて、学生たちに各科目がいずれの科目群に属するのかが示されるようになった。

学生たちは＜自己形成科目群→学校臨床科目群→教員発展科目群＞と学修を重ねる中で、自らの教員として専門性を高めていくことが期待されている。図1－1では、学生たちの成長がらせん状の帯として描かれているが、その中心に位置しているのが、教育実習関連科目である。この教育実習関連科目の充実・体系化は、教員養成カリキュラム改革の柱の一つであり、以前は3年次と4年次にそれぞれ附属学校と協力校において2週間ずつおこなう教育実習しかなかったが、改革後の教員養成カリキュラムにおいては、1年次から4年次まで継続的に教育現場経験をもち、その中で大学における学修の意義や成果を確認し、さらなる学修を重ねていくことが期待されている。各教育実習関連科目の概要は表1－1に示すとおりであるが、学生たちには学年が上がるごとに、＜学習指導→生活指導・学級経営等→学校外教育＞という形で教育現場を重層的に捉え、また＜観察→参加・体験→実践＞という形でより責任ある立場で関わり、教員の仕事をトータルに学ぶことが期待されている。

さらに、教員発展科目群の一つである「自律的発展力向上科目」として位置づく「教員養成総合実践演習」は、三年次教育実習事後指導を踏まえて、現代的教育課題への対応を含めた「実践的指導力[6]」の向上を目的とするものであり、2010年度入学者からは「教職実践演習」として実施されることになっている。

(2) 教員養成改革動向との関連性

弘前大学教育学部における教員養成改革は、『在り方懇報告書』による国立の教員養成系大学・学部の再編統合問題を契機としながら、自らの教員養成に対する責任を自覚し、目指す教員像のもとに教員養成カリキュ

表1－1　教育実習関連科目の概要

学年	名称	種別	内容	ねらい
1	介護等体験	必修	介護施設（5日）と特別支援学校（2日）での実習	個人の尊厳及び社会連帯の理念に関する認識を深める、コミュニケーションの基礎を形成
1	教職入門	必修	講義・講話（2日）と観察実習（2日）	教職キャリア形成、教職の意義と役割、授業観察・討議の方法の習得
2	学校生活体験実習	選択	観察実習（4日）と学校教育支援（1日）	学校での教師・子どもの生活実態にふれ、子ども理解の基礎を形成
2	特別活動実習（自然体験実習）	選択	社会教育における自然体験活動の支援	学校外での子どもの生活実態にふれ、子ども理解の基礎を形成
3	Tuesday実習	必修	年間10週程度、火曜日午後に行う観察・教育実習	長期間にわたる継続的な観察を通じた児童の実態と変容の把握
3	集中実習	必修	附属校園における2週間の教育実習	主として学習指導に関する内容の理解と実践
4	学校教育支援実習	選択	週1回終日を基本とした学校教育支援活動	1年間を通した学校生活全般における教師・子どもの実態把握と教育支援
4	研究教育実習	選択	公立協力校における2週間の教育実習	学習指導に関する内容理解と実践と、学級経営等の理解と実践
3・4	特別活動実習（野外活動実習）	選択	公立学校または社会教育施設での宿泊体験等支援	学校外での子どもの生活実態にふれ、子ども理解と子どもへの関わり方の深化
3・4	特別活動実習（学校適応支援）	選択	週1回を基本とする不登校の子どもへの適応支援活動	不登校生に対する理解と指導力、および学校教育活動の在り方に対する考察

(出典)弘前大学教育学部(2009)より筆者作成。

ラム・組織の問題に＜検証－改善＞のプロセスを経ながら取り組もうとするものであった。実際、その構想にあたっては「教員養成専門学部としての自立化の必要性」「体系的教員養成カリキュラムの編成の必要性」「教員養成学部としての独自の専門性の発揮」など『在り方懇報告書』の提起が強く意識されている(遠藤、2007)。そこでは、のちに国立大学法人化において本格化する競争的環境における生き残りが強く意識され、教員養成の質保証を図り、その結果に対する説明責任を果たしていくこと

が目指されていた。また新しい教員養成カリキュラムでは、教育実習関連科目の体系化・充実化や「教員養成総合実践演習」の開発等を通じた、いわゆる「実践的指導力」、学校現場における職務遂行力の育成を強く指向していた。そこには、「1.」で考察してきた一連の改革動向が強く意識されており、場合によっては「教員養成総合実践演習」のように改革を先取りする動きもみられた。

しかしながら、「教員養成の『専門学部』としての自覚的・主体的な取り組みの欠落という問題は、まさに教育刷新委員会における教員養成改革論議以降、…＜中略＞…大方の教員養成学部に通底する本質的問題であった」（遠藤、2007、13頁）とすれば、教員養成学部としての責任を自覚し、その改革に取り組むこと自体は、決して否定されるべきものではない。また、「理論的実践的な研究分野を『教員養成学』と名付け、これを再編統合後の弘前大学教育学部のメイン・エンジンとする体制を築きたい」（弘前大学教育学部基本構想委員会、2002）というように、その取り組みを研究的な指向性をもちながらおこなっていこうとするものであった。さらに、教員養成カリキュラムも、これまでの教員養成において不十分であった「大学で学んだことが教育現場でどう有効に働くのかを検証し、それをもとに学び直し専門性と自律性を発展させていけるカリキュラム」（豊嶋、2007、89－90頁）として構想されており、教育実習関連科目の体系化・充実化もそのために図られたものであった。当初「実践的指導力」の育成が強く意識されていた「教員養成総合実践演習」にしても、2009年度からは「自律的発展力」を意識した、演習主体・学生主体のものへと性格転換してきている。その意味では、久冨が「同じ現場実践という領域において、より『ランクの高い』とされる現場実践のスキルや心構えや新しい動向を学ぶ」にとどまる「実践焦点化」に基づく「実践基盤性」指向（久冨、長谷川、2008、299頁）と呼ぶものとは少なくとも異なっているように思われる。もちろん、フィンランドやスウェーデンのような「大学での研究の自由の下で、研究アプローチの多様な実践的研究」を目指す「実践焦点化」「研究基盤性」指向が明確に示されている訳ではなく、

例えば「専門性」「自律性」「実践性」がどのような形で関連づき、それが教員像や教員養成カリキュラムにおいてどのように具現化されるべきなのかについての議論がなされてきた訳ではない。

弘前大学教育学部における教員養成カリキュラム改革は、一方で『在り方懇報告書』をはじめとする外的要請を強く意識しながらも、他方では「実践焦点化」指向のもと、「研究基盤性」とまではいえないにせよ、「自律性」「専門性」を基盤とした教員養成をめざすというものであった。このようなアンビヴァレントな性格は、とりわけ旧国立系教員養成大学・学部においては避けられない面があると考えるが、次節では、このような教員養成カリキュラムの性格が、どのような形で学生たちの教職意識等に表れているのかを考察していく。

3．新旧教員養成カリキュラム下における学生の教職意識

（1） 教職意識調査について

弘前大学教育学部における教員養成改革が、学生のいかなる教職意識の変容をもたらしているのかを考察するため、以下では卒業時に実施しているアンケート調査の一部を取り上げていく。

この卒業時アンケートは、2003年度入学者(以下、C03と略す)、すなわち上述の教員養成カリキュラム改革初年度生が卒業を迎える前年度の2007年3月から2007年度入学者(C07)まで継続的に実施されているものである。

調査内容は、教員養成カリキュラムに対する満足度、各教職科目に対する効用感など多岐にわたっている。そのうち、今回は教員養成カリキュラム改革のねらいとの関連の深い①全人的変数である自我同一性地位尺度、②カリキュラム理念対応変数、③教員としての資質能力向上感、④社会的教職観の4つに関する設問を取り上げる。うち、①〜③は教員養成カリキュラムが目指すところである(ただし③は外部的要請を意識したものであるが)のに対して、④はこれら教員養成カリキュラムを通じて学

生たちが形成している教職観といえる。なお、これらの設問については、紙幅の都合上、次節の各項で簡単にふれるにとどめ、詳しい説明は豊嶋、平岡、福島(2009)に譲ることとする。

調査票は、各年1月から2月にかけて卒業予定者を対象に、ゼミ指導教員を通じて配布され、厳封の上回収された。ただし、今回分析の対象とするのは、旧教員養成カリキュラム生であるC03と、直近の卒業生であり、かつ入学時にすべての学年が新教員養成カリキュラムを経験していたC07の学校教員養成課程在籍生である。両コーホートの有効回答数はいずれも113で、当該年度の卒業生数をもとにした回収率は、C03では85.0%、C07では83.0%となっている。

（2） 新旧カリキュラム生間の教職意識の違い
① 自我同一性地位尺度

豊嶋は「教師とは授業知識・スキルといった人格の部分的要素を統合しつつ全人レベルで児童生徒に関わることが求められ、しかも、児童生徒の全人的な自己表現・成長を支援することが求められるからには、全人的変数が重要」(豊嶋、平岡、福島、2009、8－9頁)と論じ、その指標として自我同一性地位尺度(加藤、1983)を用いることを提唱している。この尺度は、「現在への傾倒」「過去の危機」「傾倒への希求」の3下位尺度に対する得点の組み合わせにより、自我同一性地位を弁別するものである。今回は、豊嶋、平岡、福島(2009)にならって、「達成的」「拡散的」「積極的モラトリアム」「早期完了」の4つの地位に分類している。うち自我同一性の達成を成し遂げた「達成的」が望ましいことはいうまでもないが、「積極的モラトリアム」も「同一性達成に至るためにくぐりぬけねばならない、模索し苦闘する在り方を指し、青年期にはポジティブな意味を持つ」(豊嶋、平岡、福島、2009、9頁)。また、下位尺度の1つである「傾倒への希求」は、自身のさらなる成長に向けた努力志向性を示すものだが、弘前大学教育学部が目指す「自律的発展力」と重なるところが大きい。

表1－2は、C03とC07の同一性地位の分布を示したものである。

C03 に比べて C07 では、10 ポイント以上も「達成的」が増え、「積極的モラトリアム」も僅かながら増加している一方で、「早期完了」と「拡散的」は減少している。また表１－３をみると、同一性地位尺度の３つの下位尺度いずれにおいても、C03 から C07 にかけてその平均値は増加している。特に、「過去の危機」は１％水準、「傾倒への希求」では５％水準の統計的有意差を示している。このように、改革後の教員養成カリキュラムは、学生の自我同一性達成を助長し、これまでの自分と向き合う危機を経験し、さらなる成長をめざす自律的発展を促しているといえる。

表１－２　自我同一性地位割合の比較（C03・C07）

入学年度	達成的	早期完了	積極的モラトリアム	拡散的	有効回答数
C03	22.7	3.6	5.5	68.2	110
C07	38.5	1.8	7.3	52.3	109

表１－３　自我同一性地位下位尺度得点の比較（C03・C07）

下位尺度	コーホート	C03	C07
現在への傾倒	平均値	17.4	18.5
	標準偏差	3.1	5.1
過去の危機	平均値	17.9	19.0
	標準偏差	3.3	3.1
傾倒への希求	平均値	16.5	17.5
	標準偏差	3.1	2.9

T 検定：太字＝有意水準 10％未満、網掛け＝５％未満、太字網掛け＝１％未満

② カリキュラム理念対応変数

　この変数は、弘前大学教育学部が目指す教員像「児童生徒に働きかけ、その反応を読み取り、働き返す力をもった教育プロフェッショナル」に対応したものである。このうち、「働きかける力」と「働きかけ返す力」は、リーダーシップに関する PM 理論において小学校教員と中学校教員を対象として開発された指示的管理的（Performance）行動測定尺度と集団維持（Maintenance）行動測定尺度（三隅、1978、三隅、矢守、1989）を参照し用いて

いる。また「反応を読み取る力」は、他者が言語的非言語的に示す行動への感受性(Sensitivity)尺度(Lennox、Raymond、1984)にもとづいている。

C03 と C07 との各尺度の得点を比較した結果は表 1 − 4 に示すとおりである。両コーホート間において、「Maintenance」ではほとんど変化がなく、「Performance」と「Sensitivity」において統計的有意差がみられた。つまり「働きかける力」と「読み取る力」については一定の向上がみられるものの、自らを振り返り「働き返す力」の育成が課題になっている。

表 1 − 4　カリキュラム理念変数の比較(C03・C07)

尺度	コーホート	C03	C07
Performance	平均値	**55.8**	**59.9**
	標準偏差	8.5	8.8
Sensitivity	平均値	**19.1**	**20.0**
	標準偏差	4.0	3.7
Maintainance	平均値	62.0	64.0
	標準偏差	9.4	9.3

T 検定；太字＝ 10％水準で有意、網掛け＝ 5 ％水準で有意、
太字・網掛け＝ 1 ％水準で有意

③　教員としての資質向上感

教員としての資質向上感は、表 1 − 5 に掲げるような 7 つの項目から構成されている。これら項目は、青森県の公立学校教員採用候補者選考試験の要項(青森県教育委員会、2011)に示された教員としての資質能力を参考に作成されたものである。

C03 と C07 との間に統計的有意差がみられたのは、「S07 組織の一員との理解」のみで、それ以外の項目では回答の平均値に統計的有意差はみられなかった。しかしながら、コーホート別に全項目をもとに因子分析をおこなってみると、C03 では 2 つの因子が析出されたのに対して、C07 では 1 つの因子のみが析出された。C03F1(第 1 因子)では「S03 教育的愛情」「S01 使命感」「S06 実践的指導力」「S02 成長・発達についての理解」が、F2 では「S04 教科等に関する専門的知識」「S05 学問的知見・教養」が、それぞれの因子に対して 0.4 以上の高い因子負荷量絶対値を示していた。この因子負荷量絶対値はそれぞれ各因子に対する各項目の関係の強さの

表1-5　資質能力向上感の比較・因子分析結果（C03・C07）

項目	T検定			因子分析		
	コーホート	C03	C07	C03		C07
				F1	F2	F1
S01 教育者としての使命感が高まった	平均値	2.97	3.04	0.56	0.04	0.58
	標準偏差	0.82	0.88			
S02 人間の成長・発達についての理解が深まった	平均値	3.28	3.31	0.40	0.25	0.69
	標準偏差	0.59	0.66			
S03 幼児・児童・生徒に対する教育的愛情が深まった	平均値	3.26	3.35	0.90	0.04	0.62
	標準偏差	0.68	0.72			
S04 教科等に関する専門的知識が深まった	平均値	2.98	3.07	0.22	0.67	0.67
	標準偏差	0.71	0.69			
S05 学問的知見が豊富になり教養が広く豊かになった	平均値	2.93	3.00	0.06	0.76	0.75
	標準偏差	0.68	0.68			
S06 実践的指導力が高まった	平均値	3.15	3.17	0.50	0.27	0.67
	標準偏差	0.69	0.69			
S07 教員は組織の一員であるとの理解が深まった	平均値	2.74	2.96	0.35	0.22	0.48
	標準偏差	0.71	0.67			
因子寄与率				24.4	17.4	41.4

T検定　：　網掛け＝5％水準で有意
因子分析：　網掛け＝因子負荷量絶対値0.4以上

程度を表しており、絶対値1に近づくほど相関が強く、その値が負の値の場合には負の相関を示す。この2つの軸は、「教職指向」と「学問指向」と解釈でき、教育刷新委員会以降、教員養成大学・学部における大学教員の類型としていわれた「エデュケーショニスト」と「アカデミシャン」との区別(山田昇、1970)が、学生たちの意識にも反映しているように思われる。一方、C07では両者が織り合わさった形で学生たちに意識されているといえる。ただし、各項目のC07F1に対する因子負荷量絶対値をみると、最もその値が高かったのは「S05 学問的知見・教養」であり、「S04 教科等に関する専門的知識」も、「S02 成長・発達についての理解」「S06 実践的指導力」に次ぐ値を示しており、少なくとも「S03 教育的愛情」「S01 使命感」「S06 実践的指導力」といった、「1.」で考察した一連の教員・教員養成改革の中で強調されているような「伝統的教職観」は前面に出てはいないように思われる。

このように、C03 に比べて C07 では、教員としての資質能力向上感は、より有機的な連環をもって統合されてきている。ただし、各項目に対する平均値において差がほとんどみられなかったことを考えると、C07 においては、すべての項目に対して肯定的な反応を示す学生と否定的な反応を示す学生とに二分される傾向にあり、教員養成カリキュラムの適否がより顕著になっていると推測される。

④ 社会的教職観

教員文化研究において、教職観は教員の自己意識やパーソナリティ類型に関わる教員文化の諸要素の 1 つとされている（久冨、1988）。教職観は、教員という仕事を一般的にどのような仕事と考えるのかを示すものであるとともに、学生が教員養成カリキュラムにおいて直接・間接に教職に関わる中で培われてきたものである。逆にいえば、教員養成カリキュラムがもつある性格が学生のもつ教職観の中に埋め込まれたものである。なお、**表 1 − 6** に示す項目は、久冨、長谷川(2008)に依拠している。

表 1 − 6 をみると、C03 と C07 との間で統計的有意差がみられるものは、全 17 項目中、「S02 経済的に恵まれた」「S05 やりがいある」「S15 教師以外の人との関係づくり必要」の 3 項目にとどまっており、大きな変化はみられない。そこで、前項③と同様に、コーホート別にこれらの項目に対して因子分析をおこなったところ、C03 では 6 つの因子が、C07 では 5 つの因子がそれぞれ析出された。以下では、C03 の因子をもとにしながら、教職観の質的変容についてみていきたい。

C03F1 に対する因子負荷量絶対値が大きい項目を順に示すと、「S11 一定の手続きの遵守」「S09 社会の存続・発展に寄与」「S10 高い倫理観」「S08 専門的知識・技能必要」「S06 自己犠牲を強いられる」となる。すなわち、定められた手続きに従いつつ、社会に寄与する高い倫理観と専門的知識・技能をもった「公的専門職」を意味する因子と解釈できるが、それは自己犠牲を伴うものとも意識されている。C07F1 においても、S10、S09、S08、S11 がこの因子に対して高い因子負荷量絶対値を示している。ただし、それとともに「S17 人を対象とする特殊性」「S16 人の内奥に触れる」

表1−6 社会的教職観の比較・因子分析結果（C03・C07）

項目		T検定		因子分析											
		コーホート		C03						C07					
		C03	C07	F1	F2	F3	F4	F5	F6	F1	F2	F3	F4	F5	
S01 社会的に尊敬される仕事だ	平均値	2.62	2.76	0.00	0.17	0.37	0.09	-0.01	0.51	0.22	0.02	0.55	0.16	0.02	
	標準偏差	0.74	0.71												
S02 経済的に恵まれた仕事だ	平均値	2.49	2.78	0.11	0.03	-0.11	-0.07	0.07	0.52	-0.13	0.08	0.64	0.04	0.11	
	標準偏差	0.70	0.72												
S03 精神的に気苦労の多い仕事だ	平均値	3.60	3.57	0.23	0.28	0.36	-0.08	-0.16	0.10	0.09	0.22	0.08	0.63	0.13	
	標準偏差	0.58	0.61												
S04 子どもに接する喜びのある仕事だ	平均値	3.70	3.65	0.11	0.05	0.09	0.91	0.10	-0.07	0.12	0.80	0.19	0.03	-0.07	
	標準偏差	0.53	0.55												
S05 やりがいのある仕事だ	平均値	3.76	3.56	0.09	-0.11	0.24	0.69	0.18	0.03	0.24	0.72	0.08	-0.04	-0.02	
	標準偏差	0.50	0.55												
S06 自己犠牲を強いられる仕事だ	平均値	3.15	3.17	0.47	0.20	0.21	-0.18	-0.10	0.10	0.20	-0.07	0.07	0.61	0.23	
	標準偏差	0.73	0.75												
S07 自分の考えにそって自律的にやれる仕事だ	平均値	2.48	2.63	0.06	0.14	-0.04	0.10	0.54	0.08	0.14	0.05	0.55	-0.44	0.29	
	標準偏差	0.72	0.70												
S08 高度の専門的知識・技能が必要な仕事だ	平均値	3.27	3.33	0.52	-0.04	-0.01	0.13	0.08	0.02	0.59	0.01	0.09	0.01	0.24	
	標準偏差	0.67	0.65												
S09 社会の存続・発展に不可欠の役割を果たす仕事だ	平均値	3.48	3.42	0.64	0.00	0.38	0.27	0.13	0.08	0.61	0.18	0.17	0.11	0.17	
	標準偏差	0.64	0.61												
S10 高い倫理観が強く求められる仕事だ	平均値	3.44	3.37	0.60	-0.16	0.39	0.10	-0.05	0.10	0.70	0.18	0.12	0.06	-0.02	
	標準偏差	0.64	0.67												
S11 一定の手続きを遵守する態度が求められる仕事だ	平均値	3.00	3.14	0.64	0.29	-0.01	-0.09	0.18	0.18	0.51	0.23	-0.09	0.16	0.40	
	標準偏差	0.73	0.65												
S12「自分らしさ」を表現できる仕事だ	平均値	2.94	2.81	-0.03	-0.05	0.13	0.11	0.91	0.00	0.31	0.26	0.50	-0.39	0.17	
	標準偏差	0.74	0.78												
S13 はっきりとした成果を問われる仕事だ	平均値	2.67	2.65	0.13	0.69	0.10	0.00	0.06	-0.03	0.18	0.00	0.14	0.18	0.46	
	標準偏差	0.87	0.79												
S14 割り当てられた役割に専心する仕事だ	平均値	2.55	2.57	0.05	0.94	-0.01	-0.04	0.13	0.05	0.15	0.17	0.17	0.07	0.75	
	標準偏差	0.90	0.78												
S15 教師以外の人々との関係づくりが欠かせない仕事だ	平均値	3.40	3.64	0.11	0.02	0.33	0.11	0.09	0.05	0.30	0.51	-0.10	0.24	0.13	
	標準偏差	0.68	0.55												
S16 人間の心の内奥に触れることができる仕事だ	平均値	3.43	3.42	0.21	0.07	0.51	0.19	0.29	-0.03	0.39	0.18	0.33	0.32	0.09	
	標準偏差	0.67	0.69												
S17 モノではなく人を対象とする点で、一般とは異なる特殊な仕事だ	平均値	3.26	3.24	0.09	0.13	0.68	0.07	-0.07	-0.14	0.42	0.01	0.43	0.18	0.11	
	標準偏差	0.87	0.95												
因子寄与率(%)				10.8	9.9	9.2	9.1	8.0	4.0	13.2	10.2	10.1	8.3	7.4	

T検定 ： 網掛け＝5％水準で有意
因子分析(バリマックス法) ： 網掛け＝因子負荷量絶対値0.4以上

といった豊嶋が言うところの「全人的関わり」が求められる教職の特殊性に関する項目も強い相関を示している。また、C03とは異なり、「S06自己犠牲」との相関は弱く、C03においては負の値を示していた「S12自分らしさを表現」の因子負荷量がここでは0.3を超える値を示しており、この「公的対人関係専門職」に対してより積極的な意味づけがなされていることがわかる。

C03F2 は、「S14 与えられた役割への専心」「S13 成果を問われる」といった「職務に対する説明責任」を意味する因子と解釈でき、「S11 一定の手続き遵守」も 0.3 近い値を示している。C07 においても、これら 3 項目と強い相関をもつ C07F5 が析出されている。ただし、全体に対する説明力の程度を示す因子寄与率は C03 に比べて若干低く、その規定力は下がっている。また C07 では「S07 自律性」も 0.3 近い値を示しており、与えられた役割の中で一定の自律性を有する仕事として積極的に捉えている傾向がうかがえる。

C03F3 は、「S17 人を対象とする特殊性」「S16 人の内奥に触れる」の 2 つの項目を中心とする「全人的関わり」が求められる教職の特殊性に関わる因子である。C07 ではこの因子に相当するものはみられず、上述した C07F1 の構成要素になっているとともに、C07 F3 においても高い因子負荷量絶対値を示している。

C03F4 は、「S05 子どもに接する喜び」「S04 やりがい」に特化した「喜び・やりがい」因子と解釈でき、C07 では C07 F2 として析出されている。ただし、C07 においてはこの 2 つの項目に加えて「S15 教師以外との関係形成」との相関も強く、独善的な教職観から脱却しつつあることがうかがえる。

C03F5 は「S12 自分らしさを表現」「S07 自律性」という「自己裁量」に関わる因子、また C03F6 は、「S02 経済的に恵まれた」「S01 社会的尊敬」という「社会経済的地位」に関する因子とそれぞれ解釈できる。C07 では、これら 2 つが合わさって C07F3 となっている。また上述した C03F3 と関わりの強い「S17 人を対象とする特殊性」、「S16 人の内奥に触れる」という教職の特殊性に関連する項目も高い因子負荷量絶対値を示していることから、「高地位高裁量対人関係職」といった教職観と解釈できる。

この他、C07 に独自の因子として C07F4 がある。この因子に対しては「S03 精神的気苦労」「S06 自己犠牲」が正の相関を示すのに対して、「S07 自律性」「S12 自分らしさを表現」は負の相関を示している。この因子は、「献身的教師像」(久冨、1997) と解釈することができる。それは、時代に

よって教員を励ましたり、逆に追い詰めたりするものだが、現代の教員同様、この教職観を「自己裁量」の制約要因として捉えているといえる。

これまでC03とC07との社会的教職観を比較してきた。C03において析出された6つの因子は、教職に対するいわば機能・領域別意識を示している。すなわちF6「社会経済的地位」、F1「公的専門職」、F2「職務に対する説明責任」、F3「教職の特殊性」、F5「自己裁量」、F4「やりがい・喜び」は、それぞれ社会全体における教職の地位、その特殊性、公的役割、それに伴う職責、そのなかでの裁量、そしてその主観的意味づけといった、＜社会⇔自己＞というベクトル、あるいは同心円的拡がりの中で、相対的に独自なものとして位置づけられている。それに対して、C07では、C03で析出された因子がより教員という仕事の内実と関わりをもった形で統合されてきている。実際、C07F1はC03F1にC03F3が統合された「公的対人関係専門職」、C07F3はC03F5とC03F6が合わさった「高地位高裁量対人関係職」となっている。またC07F2「やりがい・喜び」は子どもとの関係だけでなく教師以外の人々との関連性の中で把握されている。ただし、C07F4としてあらたに「献身的教師像」が新たに析出され、「自己裁量」の制約要因として捉えられるようになってきている。

（3）教職観形成における教員養成カリキュラムの影響

以下では、教員養成カリキュラム改革のねらいに関わる自我同一性地位、カリキュラム理念変数、教員としての資質能力向上感が、社会的教職観のいずれの諸側面に寄与しているのかを考察していく。ただし、C03とC07の教職観は、前節（2）④で述べたとおり、重なる部分が多いものの、必ずしも一致している訳ではない。このような制約はあるにせよ、弘前大学教育学部における教員養成カリキュラムがどのような学生たちの教職観を形成／強化しているのかについて、以下では考察していきたい。

表1－7は、教員養成カリキュラム改革のねらいに関わる上記3変数と、各コーホートの社会的教職観の因子得点との相関係数を示したもの

である。

C03においては、最も多くの項目と強い相関を示しているのは、F4「やりがい・喜び」とF5「自己裁量」であるが、両者とも、前出表6に示すように、全体に対する説明力を示す因子寄与率の値が相対的に低い因子である。うちF4において統計的に有意な相関を示しているのは、「傾倒への希求」「Maintenance」と「S01使命感」「S02成長・発達についての理解」「S03教育的愛情」「S04実践的指導力」である。前2者は「自律的発展力」「働きかけ返す力」といった将来に向けた何らかの行動へと向かう傾向性を伴うものである以上、「やりがい・喜び」と相関を示すのは当然の結果ともいえる。また後者の4項目は、教育的愛情や使命感など心構えを強調する「伝統的教職観」において求められる資質能力といえる。一方、F5ではカリキュラム理念変数すべてと高い相関を示す他、「実践的指導力」とも相関が強く、いわば実践場面における職務遂行性に関わっているといえよう。

C07では、F1「公的対人関係専門職」、F2「やりがい・喜び」、F3「高地位高裁量対人関係職」といった因子寄与率の高い因子において多くの項目との相関がみられた。そのこと自体、教員養成カリキュラムが彼らの

表1-7 教員養成カリキュラム改革関連諸変数と教職観因子得点との相関

設問	項目	C03						C07				
		F1	F2	F3	F4	F5	F6	F1	F2	F3	F4	F5
自我同一性地位	現在への傾倒	0.10	-0.10	0.03	0.02	0.13	0.04	0.09	0.15	0.15	-0.05	0.07
	過去の危機	0.11	-0.02	**0.25**	0.03	-0.07	-0.04	0.13	0.04	0.14	0.03	0.04
	傾倒への希求	0.09	-0.08	0.03	**0.25**	0.20	-0.05	0.13	0.09	**0.27**	0.03	-0.07
カリキュラム理念変数	Performance	**0.25**	0.07	0.16	0.14	0.21	0.10	0.04	0.06	0.15	-0.14	**0.21**
	Sensitivity	0.07	-0.01	0.10	0.10	**0.28**	0.02	**0.20**	**0.35**	0.15	-0.14	0.10
	Maintenance	0.15	-0.15	0.09	**0.29**	**0.29**	0.06	**0.25**	0.11	**0.25**	-0.12	0.05
教員としての資質能力向上感	S01 使命感	0.13	**-0.17**	0.02	**0.31**	0.17	-0.08	**0.26**	**0.33**	0.19	**-0.25**	-0.05
	S02 成長・発達についての理解	0.04	0.00	0.20	0.21	**0.16**	0.06	**0.27**	**0.31**	0.16	-0.07	0.03
	S03 教育的愛情	0.02	0.07	0.05	**0.49**	0.13	-0.12	0.15	**0.37**	**0.33**	-0.15	0.04
	S04 教科等に関する専門的知識	0.08	-0.09	0.02	0.08	0.05	0.12	0.21	**0.34**	0.07	-0.04	-0.01
	S05 学問的知見・教養	0.17	-0.01	0.05	0.01	0.20	**0.25**	**0.29**	0.23	0.21	**-0.18**	0.04
	S06 実践的指導力	0.12	-0.01	0.05	0.21	**0.33**	-0.08	0.13	0.22	**0.17**	**-0.21**	**0.18**
	S07 組織の一員	0.03	0.06	0.12	0.07	0.05	-0.07	**0.31**	0.14	0.14	0.06	**0.17**

相関係数：太字は10％水準で有意、網掛けは5％水準で有意、太字網掛けは1％水準で有意

教職観の形成に一定の影響を及ぼしていることを示している。F1 において、「Sensitivity」「Maintenance」といった特に教育実践における反省性に関わる項目は「対人関係」と、「S01 使命感」「S07 組織の一員」は「公的」と、さらに「S02 成長・発達についての理解」「S04 教科等に関する専門的知識」「S05 学問的知見・教養」は「専門職」と、それぞれ関わっているといえよう。とりわけ、最後の認識面の資質能力と専門職観との相関は、戦後の教員養成における「大学における教員養成」の理念を表しているように思われる。また F2 では「Sensitivity」とともに、「S07 組織の一員」を除く教員として求められる資質能力すべてと相関がみられる。C03F4 との対比でいえば、他者に対する感受性とともに、「成長・発達」「教科等に関する専門的知識」「学問的知見・教養」との相関が強く、単なる心構えや教員としての職務遂行性といったものだけではなく、専門的知見を伴いつつ獲得されたものになっている。また F3「高地位高裁量対人関係職」においても、C03F5 とも重なる部分が多いものの、「S05 学問的・知見」との相関がみられ、使命感や教育的愛情に終始するものではないといえる。

　しかしながら、このような「専門性」に裏づけられた教職観が読み取れる一方で、「実践への焦点化」に起因すると思われる否定的な影響があることも確かである。C07 F4「献身的教師像」では「S01 使命感」「S06 実践的指導力」との負の相関がみられた。この 2 つは、前出の 2006 年中教審答申においては、教員として最小限必要な資質能力として「『実践的指導力』に加えて『使命感』も含まれるようになっている」(高橋、2009、57 頁) ものであるが、これらの資質の獲得の成否が、「献身的教師像」の形成に影響を及ぼしている。また C07F5「職務に対する説明責任」では「Performance」「S06 実践的指導力」「S07 組織の一員」との相関がみられ、今日の教員・教員養成改革で求められる「教員としての職務遂行能力」が学生の教職観に刻み込まれていることを示しているように思われる。

むすび

　現代教員養成改革は、新自由主義的改革下における教員政策と高等教育改革とが交錯する位置を占めている。そのもとで、教員としての職務遂行能力を中心とした教員の専門的力量向上とその質保証とが議論の俎上にのぼっている。このような改革動向下において、弘前大学教育学部が2004年度入学者から実施してきた新しい教員養成カリキュラムは、教育実習関連科目の充実・体系化や「教員養成総合実践演習」の実施といった「実践に焦点」をおくものであった。そこに政策的要請を反映した教員としての職務遂行能力への指向性を読み取ることもできなくはない。しかしながら、このカリキュラムは、「学び直し専門性と自律性を発達させていけるカリキュラム」であり、伝統的教職観にもとづく「実践基盤性」とは必ずしも言えないものであった。

　実際、旧カリキュラム生C03と新カリキュラム生C07との卒業時アンケート調査結果をみると、改革後の教員養成カリキュラムは、学生たちの自我同一性をより達成的なものと導き、「自律的発展」を促すものであり、また「働きかけ返す力」の伸長に課題を残しながらも、この教員養成カリキュラムが目指す教員像の実現を助長するものであった。さらに、教員としての資質能力と社会的教職観は、より統合され、教職の内実に踏みこんだものとなってきており、そこには単なる心構えや「実践的指導力」だけではなく、児童生徒理解や教科等に関する専門知識や学問的知見・教養を伴った教師像が強く意識されていた。このことからすれば、改革後の教員養成カリキュラム下においては「知識やスキルといった人の部分的、フラグメンタルな要素を統合しつつ全人レベルで児童生徒に関わる」(豊嶋、花屋、2007、120頁)教員が養成されてきているように思われる。

　しかしながら、新カリキュラム生が抱く教職観には「献身的教師像」や教員としての職務遂行能力を強く意識した教員像も刻みこまれている。もちろん、この教職観の規定力は相対的には弱いものであるが、教員養

成カリキュラム改革に伴う「実践焦点化」には「実践基盤性」的要素が含まれていることを示唆している。この視点をもって、教育実習関連科目の在り方を見直していく必要があると思われる。また教員としての資質能力向上感や社会的教職観に関しては、個々の項目における回答の平均値は変化しておらず、変化は項目相互の関係構造のレベルにとどまっており、改革後の教員養成カリキュラム全体に対する学生の適否がより明確になってきていることが予想される。「どのような学生にとって適合的な教員養成カリキュラムなのか」という問いをもってデータをあらためて見直してみることも重要である。

　より原理的な問題としては、今回依拠した調査において、弘前大学教育学部が目指す教員像、「児童生徒に働きかけ、その反応を読み取り、働きかけ返す教育プロフェッショナル」が求める知識やスキルを明示できていないことが挙げられる。例えば、教員養成カリキュラム改革を通じて「教職指向」と「学問指向」との融合がみられたとしても、あくまでも戦後教員養成をめぐる2つの対立が単に統合されただけのことであり、教職観において「大学における教員養成」の理念が表れているといっても、そこでの児童生徒に対する理解、教科に関する専門的知識、学問的知見・教養は、これまでの「既知を切り売りする教員像」（中央教育審議会教員の資質向上特別部会基本制度ワーキンググループ、2011）に求められていたものに過ぎないと批判されかねない。さらに同ワーキンググループでは「自ら学び続け、研究・探求力を有する教員」が提示されている以上、それとの異同も明示することが必要になってくるだろう。このことは、「大学における教員養成」をあらためて捉え直し、中教審で審議されている「教員養成の高度化」「修士レベル化」の必要性を問うことにも繋がるものである。

【註】
1　本章の記述は、福島（2010）と福島（2011）とをもとにしている。
2　改革の基本方針は「①受動的でなく能動的に日本の教員養成に関わること②

独自の養成すべき教師像を、具体的なイメージがわくスローガンとしてもつこと③スローガンを、カリキュラムとして実現すること④教育学部という組織として取り組むとともに、他の機関との協働を築き、独善性を排除すること⑤自己の教員養成活動を不断に、自律的かつ組織的に検証し、改善し続けること」の５点にまとめられる(弘前大学教育学部附属教員養成学研究開発センター(2007))。
3 この「試案」は、豊嶋秋彦「教員養成カリキュラムの体系化の試み」(遠藤・福島(2007)所収)に収録されている。
4 2011年度入学者から、入試制度の改革に伴う教員養成カリキュラム改革がおこなわれたが、その概要については福島(2010)を参照されたい
5 この図はもともと平成17-18年度文部科学省教員養成改革GP応募のために作られたものであった。そのため、後出の「集中実習」はここでは「集中型実習」となっている等の違いがある。また、「自己再形成科目」「専門性発展科目」「自律的発展力向上科目」は、いずれも後出の「教員発展科目」の諸要素である。
6 教育職員養成審議会第一次答申では、養成段階に求めるものとして「実践的指導力の基礎」を挙げ、「最小限必要な資質能力」として「採用当初から教科指導、生徒指導を著しい支障が生じることなく実践できる資質能力」としている。また高橋は、近年では「『実践的指導力の基礎』ではなく、『実践的指導力そのもの』の育成が求められる傾向が強いといえるだろう」と述べている(高橋、2009、58頁)。

【参考文献】
・青森県教育委員会(2011)「平成24年度青森県公立学校教員採用候補者選考試験実施要項」http://www.pref.aomori.lg.jp/soshiki/kyoiku/e-kyoin/files/24-jissiyoukou.pdf(2011年11月5日採取)。
・岩田康之(2007)「新自由主義的教員養成と「開放制」」『教員養成学研究』第3号、1－10頁。
・岩田康之(2008)「教育改革の動向と教師の「専門性」に関する諸問題」久冨善之、長谷川裕編著『教師の専門性とアイデンティティ』勁草書房、31－48頁。
・遠藤孝夫(2007)「教員養成学の誕生」遠藤孝夫、福島裕敏編著『教員養成学の誕生』東信堂、1－23頁。
・遠藤孝夫、福島裕敏編著(2007)『教員養成学の誕生』東信堂。
・加藤厚(1983)「大学生における同一性の諸相とその構造」『教育心理学研究』31巻4号、20－30頁。
・教育職員養成審議会(1997)『新たな時代に向けた教員養成の改善方策について』http://www.mext.go.jp/b_menu/shingi/12/yousei/toushin/970703.htm(2011年10月23

日採取)。
- 久冨善之編著(1988)『教員文化の社会学的研究』多賀出版。
- 久冨善之(1998)「教師の生活・文化・意識」『岩波講座　現代の教育 6　教師像の再構築』岩波書店、73 － 92 頁。
- 久冨善之、長谷川裕(2008)『教師の専門性とアイデンティティ』勁草書房。
- 佐久間亜紀(2010)「1990 年代以降の教員養成カリキュラムの変容」『教育社会学研究』第 86 集、97 － 111 頁。
- 佐藤三三(2007)「教員養成学の学問的性格試論」遠藤孝夫、福島裕敏編著『教員養成学の誕生』東信堂、26 － 41 頁。
- 佐藤学(1997)『教師というアポリア』世織書房。
- 髙橋英治(2009)「養成段階における実践的指導力の育成についての一考察」『日本教師教育学会年報』第 19 号、57 － 66 頁。
- 中央教育審議会(2005)『我が国の高等教育の将来像(答申)』http://www.mext.go.jp/b_menu/shingi/chukyo/chukyo0/toushin/05013101.htm(2011 年 10 月 30 日採取)
- 中央教育審議会(2008)『今後の教員養成・免許制度の在り方について(答申)』http://www.mext.go.jp/b_menu/shingi/chukyo/chukyo0/toushin/020202.htm(2011 年 10 月 30 日採取)。
- 中央教育審議会(2010)「教職生活の全体を通じた教員の資質能力の総合的な向上方策について(諮問)」http://www.mext.go.jp/b_menu/shingi/chukyo/chukyo0/toushin/1294550.htm(2011 年 10 月 23 日採取)。
- 中央教育審議会教員の資質能力向上特別教員の資質能力向上特別部会基本制度ワーキンググループ(2011)「第 3 回配付資料 1 これまでの議論の整理と今後の論点(座長メモ)」http://www.mext.go.jp/b_menu/shingi/chukyo/chukyo11/001/attach/1312522.htm(2011 年 11 月 7 日採取)。
- 豊嶋秋彦(2007)「教員養成カリキュラムの体系化の試み」遠藤孝夫、福島裕敏編著『教員養成学の誕生』東信堂、87 － 101 頁。
- 豊嶋秋彦、花屋道子(2007)「アイデンティティ、教職志望、適性感からみた『教職入門』体験」遠藤孝夫、福島裕敏編著『教員養成学の誕生』東信堂、120 － 134 頁。
- 豊嶋秋彦、平岡恭一、福島裕敏(2009)「新教員養成カリキュラムの効果検証の試み」『教員養成学研究』第 5 号、7 － 18 頁。
- 内閣府(2005)『教育委員会・学校法人アンケート、および教員アンケート集計結果』http://www8.cao.go.jp/kisei-kaikaku/old/publication/2005/1205/item051205_02.pdf(2011 年 10 月 30 日採取)。
- 平田淳(2009)「教員養成学は一つの『学』として成立するのか？」『教員養成学研

究』第 5 号、39-41 頁。
- 弘前大学教育学部(2009)『弘前大学教育学部教育実習手引』弘前大学教育学部。
- 弘前大学教育学部基本構想委員会(2002)「教員養成系学部の再編・統合に関する構想試案」弘前大学教育学部基本構想委員会。
- 福島裕敏(2010)「弘前大学教育学部における教員養成改革の挑戦」三石初雄・川手圭一編『高度実践型の教員養成へ』東京学芸大学出版会、63－76 頁。
- 福島裕敏(2011)「『教員養成学』再考」岩田康之、三石初雄編『現代の教育改革と教師』東京学芸大学出版会、89－104 頁。
- 三隅二不二(1978)『リーダーシップ行動の科学』有斐閣、248－264 頁。
- 三隅二不二、矢守克也(1991)「中学校における学級担任教師のリーダーシップ行動測定尺度の作成とその妥当性に関する研究」『教育心理学研究』37 巻 1 号、46－54 頁。
- 文部科学省高等教育局専門教育課(2001)「今後の国立の教員養成系大学学部の在り方について(報告)」http://www.mext.go.jp/b_menu/shingi/chousa/koutou/005/toushin/011101.htm(2011 年 10 月 30 日採取)。
- 山﨑準二(2008)「教員養成カリキュラム改革の課題」日本教師教育学会編『日本の教師教育改革』118－134 頁。
- 山崎雄介(2008)「(書評)『教員養成学の誕生』」『教育目標・評価学会紀要』第 18 号、111-113 頁。
- 山田昇(1970)「教育刷新委員会におけるアカデミシャンズとエデュケーショニスト」『和歌山大学教育学部紀要 教育科学』第 20 号、87－96 頁。
- 横須賀薫(2010)『教師養成教育の探求』春風社。
- Lennox, R. D. & Raymond, N. W. (1984).　Revision of the self-monitoring scale, *Journal of Personality and Social Psychology*, 46 (6), pp.1349-1364.
- Lortie, D. C.(1975)*School Teacher. Chicago*, IL: University of Chicago Press.

2　シュタイナーの教員養成論と《芸術による覚醒》

遠藤　孝夫

はじめに

　教育という芸術は、真の人間認識を基盤としなければ成立し得ないものである。そしてこの真の人間認識というものは、それが単なる観察作業に浮身をやつしている限り、決して完全なものにはなり得ない。人間の本質は受動的な知識の中では把えられはしない。我々は人間について知識として知っていることを、少なくともある程度までは人間たる自分自身が持っている創造性として、実感して経験しなければならない。我々はそれを自分自身の意志の中で働いている「知ろうとする活動」として感じとらなければならない。(Steiner, 1923a, S.18、邦訳、21頁)

　この引用文は、ルドルフ・シュタイナー(Rudolf Steiner, 1861-1925)の「教育と芸術」(1923年)と題する短い論文の冒頭の一節である。実に平明に書かれたこのシュタイナーの文章は、何もそこから学ぶことがないものとして読み流されてしまうか、「教育という芸術」(pädagogische Kunst)などという、一見すれば意味不明な言葉への抵抗感から、読むことを放棄されてしまうかも知れないものである。しかし、この一節には、シュタイナーの教育思想(教員養成論も含めて)の核心が刻印されている。ただ、それは、背景となる哲学的・思想的前提の説明の多くが省かれ、結論だけが短かな文章に凝縮して表現されているために、この文章だけでシュタイナーの教育思想の意味を理解することは極めて困難である。

　シュタイナーは教育を「芸術」として理解しているが、それはいったい如何なる根拠に基づき、何を意味していることなのだろうか。また、「教

育という芸術」を基礎づけるべきとされる「真の人間認識」とは、いったい如何なる内容のものなのだろうか。さらに、「教育という芸術」を主として担うのは教師であるが、シュタイナーは、教師が「教育という芸術」を担うためには、「真の人間認識」を「受動的な知識」として理解するばかりではなく、自ら「実感して経験し」「感じとらなければならない」、と主張する。これはいったいどんなことを意味しているのだろうか。この短い引用文からシュタイナーの教育思想の意味を理解するためには、いくつもの疑問に導かれながら、シュタイナーの教育思想の基盤となっている《人智学》(Anthroposophie)のみならず、この人智学の源流に位置づくゲーテの認識論・世界観にまで分け入ることが必要になる。

　小論は、以上のようなことを踏まえながら、シュタイナーが教師に必要な資質能力をどのように考え、その資質能力を如何なる方法によって育成しようと考えていたのか、つまりシュタイナーの教員養成論を、可能な限りその哲学的・思想的背景にまで踏み込みながら明らかにしようと意図したものである。とりわけ、小論では、芸術ないし芸術的訓練が教師として必要な資質能力を《覚醒》させるという思想、つまり《芸術による覚醒》というシュタイナーの人間形成思想の局面に焦点を当てることになる。この《芸術》が有する人間形成機能の局面については、従来のシュタイナー教育思想の研究では、未だ十分な論究はなされていない状況にある。シュタイナーは、如何なる意味で教育を「芸術」として位置づけたのか、またシュタイナーが、教師は「真の人間認識」を、自ら「実感して経験し」「感じとらなければならない」、と主張していたのは何故なのか。こうした論点は、シュタイナー教育(シュタイナー学校の教員養成も含め)が実践としては約1世紀の蓄積がある一方で、学問的にはほぼ不問に付されてきたのである。

　そこで、まずシュタイナー学校(ヴァルドルフ学校)の教員養成教育とそこでの「芸術科目」の位置づけを概観することから、本論に進むこととしよう。

1．シュタイナー学校の教員養成と「芸術科目」

　シュタイナー学校は、全世界に約1,000校(この内ドイツ国内には約200校)を越えるまでに増大しているが、こうしたシュタイナー学校の発展の1つの背景として、他の教育運動には見られない、独自の教員養成システムの存在を指摘することができる。シュタイナー学校の教師として勤務するためには、独自の教員養成機関において、それぞれ希望する教師の種類(クラス担任教師、専門教科の教師等)に応じて、一定期間の学修を経ることが義務づけられている。

　教員養成の形態は、基礎資格や養成期間等によって、「補完的」と「完結的」の2つに大別できる。「補完的」教員養成は、一般的な教員資格取得者に対して、比較的短期間、簡易の養成機関(ドイツでは、一般にゼミナールの名を冠している)において、シュタイナー学校の教師としての資質能力を補足的に教育するもので、シュタイナー学校発祥の地で(南ドイツのシュツットガルト)、1928年から開始された最初の教員養成講座も、この類型に属する。一方、「完結的」教員養成は、中等学校修了者を対象にして、シュタイナー学校の教師としての資質能力を、大学教育として(養成機関も大学の名を冠していることが一般的)育成するものである。ドイツにおいては、1973年から2つの教員養成機関において「完結的」教員養成が開始された(その当時の養成期間は4年)。現在では、シュツットガルト自由大学、マンハイム自由大学、ヴィッテン／アンネン・ヴァルドルフ教育学院の3機関で「完結的」教員養成を行っているが、そこでの教育課程は、1999年から開始された欧州規模での一連の高等教育改革(完成目標は2010年)、いわゆる「ボローニャ・プロセス」に対応して、現在大きく再編されつつある(遠藤、2010)。

　「自由ヴァルドルフ学校連盟」(本部はシュツットガルト)が2008年に刊行した報告書によれば(Bund der Freien Waldorfschulen, 2008)、大学段階における「完結的」教員養成の再編の方向性のポイントは、次の通りである。すなわち、一方では、基本的な制度の枠組みはボローニャ・プロセスに

合致させつつも、他方では1928年以来継続してきた教員養成の基本理念は堅持するというものである。より具体的には、これまで4年制で行ってきた「完結的」教員養成制度を、学士課程(3年)とそれに続く修士課程(2年)の2段階(5年制)とし、科目履修の方式も、一定の科目群＝「モジュール」とそれに対応した「単位」(Credit)で構成するものへと再編される。シュツットガルト自由大学とマンハイム自由大学では、既に2008/2009年度から修士課程までを含めた5年制の教員養成の課程が開始されている。

しかし、ここで特筆すべきことは、教員養成の基本理念とカリキュラム構成である。報告書によれば、シュタイナー学校の教員養成においては、教師として「不可欠な芸術的・創造的形成能力を覚醒させること、そしてこの能力を学修の最初の段階から学校現実と緊密に関係づけて育成すること」が重要であり、こうした「独自の教員養成」こそが、シュタイナー学校の質を基礎づける「不可欠の前提」となる、と指摘されている(Bund der Freien Waldorfschulen,2008, S.7)。このことは、表2－1で示されたシュタイナー学校の教員養成カリキュラムの基本的枠組みからも確認することができる。一見して明らかなように、学士課程の場合も修士課程の場合も、カリキュラムの構成要素として、通常の教員養成教育には存在しない「芸術」(Künste)という領域が位置づけられているのである。

マンハイム自由大学を事例として確認すれば(2009/2010年度)、学士課程と修士課程ともに、年度初めオリエンテーション期間や教育実習期間(5年間の合計で40週)等を除き、ほぼ年間を通して、午前中の第2時限もしくは第3時限の時間帯に「芸術科目」(基本的に講義(座学)ではなく、制作や実習といった授業形態)が配置されている(Freie Hochschule Mannheim, 2009a)。マンハイム自由大学の教員養成カリキュラムの基本理念を説明した資料によれば、学生に修得させるべき資質能力として、論理的思考力、学問的研究能力、学問的認識を教育的に責任ある行為へと転換する能力に加え、「芸術的能力」(künstlerische Fähigkeiten)が挙げられ、学生教育の重点は「芸術と学問の結合」(Verbindung von Kunst und Wissenschaft)にある

ことが明記されているのである(Freie Hochschule Mannheim, 2009b, S.32)。

では、以上の概観からも明らかなように、シュタイナー学校の教員養成教育において、「芸術と学問の結合」とまで明記される程の「芸術」重視の理念が貫徹されているのは、いったい如何なる思想的背景に基づくことなのだろうか。以下、ルドルフ・シュタイナーの教育思想を、その源流に位置づくゲーテの世界観にまで遡って考察してみよう。

表2-1　学士課程及び修士課程のカリキュラム(学修領域の構成)

学士課程(3年間)	修士課程(2年間)
①人間の発達と教育の基礎 ②教科の基礎 ③教科の教授法 ④芸術(基礎) ⑤教育活動の社会的次元 ⑥教育実習 ⑦学生の自治組織と自由活動 ⑧修了試験	①ヴァルドルフ教育の人間学的背景 ②教科 ③芸術(応用) ④学校と社会 ⑤教育実習 ⑥自主的活動 ⑦修了試験

出典：Bund der Freien Waldorfschulen(Hrsg.), Waldorflehrerbildung im Bologna-Prozess, 2008, S.44.

2．シュタイナーの認識論と《芸術》

(1)　シュタイナー思想の源流としてのゲーテ

《人智学》という独自の思想体系を確立し、教育を含む多岐に及ぶ分野に多大な足跡を残すことになるシュタイナーの思想と活動の原点には、自然科学研究者としてのゲーテ(Johann Wolfgang von Goethe、1749-1832)の研究が据えられていた。シュタイナーは、ゲーテの自然科学研究における方法論とその根底に流れる世界観から大きな影響を受け、そこにカントの認識論を乗り越える視座を確立したことで、《人智学》の理論的基礎づけを得たのである。

シュタイナーは21歳の時(1882年)、親炙に浴していたウィーン工科大学のシュレーアー教授の推薦で、『ドイツ国民文学全集』(いわゆるキュルスナー版)のゲーテの部における自然科学論の編集・注釈者に抜擢された。ゲーテは、中部ドイツの小国ワイマール公国に招かれ、文筆活動や

政務の一方で、亡くなるまでの約50年間にわたって、植物及び動物の形態学、地質学、気象学、さらに色彩論に至る自然科学研究を行っていた。このゲーテの自然科学研究に関する膨大な著作物は、シュタイナーによって5巻本として編集され、解説と詳細な注釈が施されて刊行された。この時のシュタイナーによるゲーテの自然科学論の「再発見」という仕事は、今日までのゲーテ研究、特にゲーテの自然科学論に関する研究の「基礎および指針」(ゲーテ、2009、459頁)として高く評価されるものとなった。さらにシュタイナーは、1890年にはウィーンからワイマールに居を移し、「ゲーテ・シラー文書館」で働きながら、新たなゲーテ全集(いわゆるゾフィー版)における自然科学論の編集・注釈の仕事にも従事した。この間、シュタイナーは、処女作『ゲーテ的世界観の認識論要綱』(1886年)、『真理と科学』(1892年)、『自由の哲学』(1894年)、『ゲーテの世界観』(1897年)等の著作を次々と出版し、新進気鋭の哲学研究者として注目を集めるに至る(吉田、2008)。

　シュタイナーの博士論文(1891年)のタイトル「認識に関する一考察 ー 特にフィヒテの科学的教義に触れて ー」に象徴されるように、若きシュタイナーの研究関心は、認識論、端的にはカントの認識論と近代科学的な思考様式の限界の克服という一点にあった。シュタイナーが、それまで等閑視されていたゲーテの自然科学研究に注目したのも、そこに新たな「認識」の地平を獲得する可能性を確信したからであり、彼の問題関心は、「ゲーテという文化の源泉で認識の眼を研ぎ澄ますこと」(Steiner, 1888,S.14、邦訳、15頁)を通して、ゲーテにおける「問題把握の仕方を知ること」(Steiner, 1888,S.15、邦訳、16頁)にあった。シュタイナーは亡くなる2年前(1923年)に、1886年刊行の『ゲーテ的世界観の認識論要綱』について触れ、「今日この認識論を再び手にしてみると、それは、私がそれ以後語り、また出版した内容すべてについての認識論的基礎づけであり、その正当性を明白にするものであるように思われる。」(Steiner,1886、S.11、邦訳、12頁)と述べている。まさに、「認識論こそ、シュタイナーの思想と実践の根幹にあるもの」(北村、1998、8頁)だったことになる。

（2） シュタイナーの認識論と《芸術》

では、シュタイナーが、ゲーテの自然科学の方法論とそこでの「問題把握の仕方」から学び取り、その後の自らの思想の「基礎付け」とした認識の方法とは何か。それは結論的に言うならば、人間を含む有機体(生命)の本質を《直観》(Anschauung)という人間精神を通して認識するという方法論であったと言えよう。シュタイナーによれば、物理学に代表される近代自然科学的方法論を「有機的なものにまで適用することは、この有機的なものの独特の本性を抹消することになる。有機的なものの本性に従って探求するのではなく、むしろそれに異質の法則性を押しつけることになる。このように有機的なものを否定することを通しては、有機的なものは決して認識され得ない。」(Steiner, 1886, S.99, 邦訳、98頁)。この「無機的な自然科学の方法を有機体にも適用しようとする要求に、ゲーテほど断固として退けた者はいない。」(Steiner, 1886, S.109, 邦訳、105頁)として、シュタイナーはゲーテの自然科学方法論を次のように解釈した。

ゲーテの自然研究の方法は、自然(物質)と人間精神の対立という二元論に立脚するものではなく、むしろ自然(物質)と人間精神の宥和を前提とする方法論であった。従って、それは、自然を人間の知性(感情や感覚といった曖昧な内面性を排除して)によって客観的・合理的・実証的に分析することを通して自然の法則を析出していく、いわゆる近代自然科学の方法とは大きく異なるものだった。このゲーテの方法論に、シュタイナーは自然と人間精神の対立状態を克服し、「自然への回帰」(Rückkehr zur Natur)を可能にする世界観を見た。シュタイナーによれば、ゲーテは、人間精神が自然と鋭く対峙する位置に立って、自然とは「無縁の、抽象的な思想世界を自分の内部に創造する」(これが一般的な自然科学方法論)のではなく、徹底して個別の「現実に沈潜」して、自然を貫徹している「永遠の変化、その生成と運動の中に、不変の法則を見つけ出そう」とした(Steiner,1888, S.20,邦訳、26頁)。ゲーテが追い求めた「不変の法則」とは、「事物の原像」、「現象の背後に存する駆動力」であり、それは現実に存在している既成の自然そのものではない。むしろ、自然や事物の「内奥で支

えている高次の自然現実」であった(Steiner,1888、S.22、邦訳、28頁)。

　ゲーテが、こうした自然や事物の「内奥で支えている高次の自然現実」を捉える際に用いた方法は、ゲーテの言葉では「対象的思考」(ゲーテ、1980、17頁)と名づけられている。すなわち、それは「生命ある形成物そのものをあるがままに認識し、眼にみえ手で触れられるその外なる部分部分を不可分のまとまりとして把握し、この外なる諸部分を内なるものの暗示として受け止め、このようにしてその全体を幾分なりと直観においてわがものとしよう」とする認識方法であった(ゲーテ、1980、43頁)。シュタイナーは、このゲーテの自然研究を可能にした人間精神の能力を、「事実の中に単なる表面的な事実以上のものを見る生産的な力」(Steiner,1888、S.9、邦訳、17頁)、端的には「高次の直観能力」(höhere Anschauungsvermögen) (Steiner,1888、S.20、邦訳、27頁)と表現した。こうして、シュタイナーは、ゲーテの自然研究を、人間精神がその「高次の直観能力」を伴って、自然の内部へと「沈潜」する中で、自然の内奥にある「高次の自然現実」を新たに創造する行為、つまり「追創造」(Nacherschaffen)の行為として解釈したのであった(Steiner,1888、S.21、邦訳、27頁)。

　シュタイナーは、以上のように、ゲーテの自然研究とその方法論に文字通り「沈潜」することを通して、ゲーテの世界観をより発展させた自らの認識論＝学問論と芸術論を確立する。すなわち、認識することは、人間精神がその感覚器官を通して外的世界(自然)をただ単に受動的に取り込むことではなく、「人間精神の能動的な活動」(Steiner,1886, S.131, 邦訳、129頁)による「追創造」の行為として捉えるべきである。高度な認識行為である学問もまた、本来的には「人間精神の活動の産物」であり、学問の内容は、単に受け身的に「知覚された外的素材」ではなく、「人間精神によって把握された理念(Idee)」である。そのように捉えるとき、認識すること(学問)と、芸術の行為(芸術)とは、表裏一体のものとして位置づけられる。何故なら、認識行為(学問)と芸術行為(芸術)は、どちらも「人間の活動的生産」であり、「人間が自己自身を製造者の位置に引き上げること」においては、「共通の基盤」に立脚している。どちらの行為におい

ても、人間精神は、外的現実に「沈潜」し、「観照」(Anschauung)することにより、「事実の中に単なる表面的な事実以上のもの」、生々流転する自然(現実)の全体を貫徹する「駆動力」、「自然の統一性」を探究し、その結果を「学問と芸術という対象に刻印する。」両者の違いは、学問においては「観照」された結果である「自然の統一性」は、「理念という形式」として刻印されるのに対し、芸術においては「存在世界からとられた素材」に「像」として刻印されることにある。つまり、両者の相違は、「表現の仕方」にしかないことになる(Steiner,1886, S.131-132、邦訳、129-130頁)。

　かくして、シュタイナーの認識論においては、認識行為(学問)と《芸術》は人間精神による行為として表裏一体の関係にあり、《芸術家》(Künstler)には特別の使命が課せられることになる。シュタイナーによれば、《芸術家》は、「自然の事物には欠けている神的なものを、自然の事物の中に植え込む」(Steiner,1888, S. 22、邦訳、29頁)ことで、「人類の文化を進歩させるという高貴な役割」と「高い使命」が課せられているとして(Steiner,1888, S. 23、邦訳、32頁)、次のようにまとめている。

　　芸術作品の内容は、現実のどこかに存在する感覚内容です。これが《何》です。芸術家はこの《何》に形姿を与えます。その形姿によって芸術家は自然そのものを凌駕しようと努力するのです。自然の手段と法則が可能とする形姿を、自然そのものよりも高次の仕方で、創りだそうとするのです。芸術家が私たちの前に提示する対象は自然の中の対象よりも完成されています。しかしその完全性は本来対象そのものに内在している完全性なのです。対象が自分自身を超えることの中に、しかも対象の中に秘められているものだけを土台にして、美が存在するのです。
　　(Steiner,1888, S. 30、邦訳、42頁)

3．教員養成と《芸術による覚醒》

（1） 教育の前提としての「真の人間認識」

　シュタイナーは、以上で確認したような、ゲーテ研究を通じて獲得した認識論及び芸術論を基盤として、20世紀に入る頃から、独自の思想体系としての《人智学》を確立していく。人智学の思想の一環として展開され、さらに1919年に創設されたシュタイナー学校において実践されていくことになるシュタイナーの教育思想、とりわけ一見すれば奇異に思われる独自の人間観やそれに立脚した「教育芸術」(Erziehungskunst)や「教育芸術家」(Erziehungskünstler)としての教師といった考え方も、1で確認された認識論及び芸術論を踏まえることにより、より理解しやすいものとなる。シュタイナーの教育思想は、ゲーテから学び取った認識の方法、すなわち人間の現実へと「沈潜」し、高度な精神能力である「直観」によって把握された「生きた真実」(Steiner, 1922, S.137)に他ならなかったからである。ここでは、まず、この「生きた真実」として語られたシュタイナーの教育思想のうち、教育の前提に位置づけられた「真の人間認識」という考え方から検討してみたい。シュタイナーは、「あらゆる教育は、真の人間認識から湧き出てこなければならない。」(Steiner, 1924a, S.9)と繰り返し述べ、この「真の人間認識」に基づく教育は、必然的に《芸術としての教育》、すなわち「教育芸術」として具体化されるとする思想を展開した。

　シュタイナーによれば、19世紀以降の科学偏重の時代風潮の中で、感覚的・視覚的に確認できるものだけを確かな知識と見なす学問観や物質主義的人間観が大勢を占めた結果、「もはや人間の内面を正しく観察することができなくなり、ただ単純に外面的な外皮を観察することで満足するようになってしまった。」(Steiner, 1924a, S.8)　現代の解剖学者は、心臓を「血液を循環させる優秀なポンプ」としてしか認識しなくなったが、近代科学が登場する以前には、心臓は「精神的・魂的に機能する、精神的な何か」として理解されており、そこでは感覚的に観察されたこ

とが同時に「精神的な何か」として深く認識されていた、という(Steiner, 1924a, S.44)。知性と感性を対立的なものと見なし、知的教育と身体教育を分離する教育の在り方は、人間を表面的に観察し、「人間をばらばらの諸要素の連合体として捉えるような人間学」(Steiner, 1923b, S.78, 邦訳、103頁)を前提としている。これに対して、シュタイナーによれば、人間はばらばらの部分へと細分化され、一面的に理解されるべきではなく、ゲーテの自然研究の方法と同様に、人間を一つの統一体、つまり「肉体、魂、精神の全体としての人間存在」として認識されるべきである(Steiner, 1923b, S.103, 邦訳、140頁)。つまり、「自然科学的な人間認識」ではなく、「より親密に人間の中へと入り込んで行くことができる人間認識」(Steiner, 1924b, S.23)が必要なのであって、人間の本質は精神生活を含む一つの全体的統一体として認識されるべきなのである。このことを端的に、シュタイナーは、次のように述べている。「私達は再び人間を直視しなければならぬのであり、再び人間総体を総合的、全体的なものとして見詰めなければならぬのです。これが今日の教育における最重要課題であります。」(Steiner, 1923b, S.71, 邦訳、95頁)

こうしたシュタイナーの人間認識が、1919年の最初のシュタイナー学校の教師予定者への講習会の第一の講義内容となった。この講習会において「ヴァルドルフ学校教師にまず伝えられたものは、基本的な人間についての認識だったのであり、これによってヴァルドルフ学校教師が、真の人間の本質の考察に基づいて、教育への内的な熱意と愛を獲得することが期待された」からであった(Steiner, 1923b, S.91 邦訳、121頁)。この講習会で披瀝されたシュタイナーの人間認識の考え方は、人間を、肉体(Leib)、魂(Seele、意志・感情・思考などの内面的能力)、精神(Geist、創造的・生産的な作用を本質とする内面的能力)の3つの要素により構成される存在として把握することを基盤として、「子どもの生の細部に至るまで、精神と魂と肉体の完全な調和の実現を目指す真の教育」(Steiner, 1923b, S.221, 邦訳、294頁)の在り方を解説するものであった。

（2） 人間を《覚醒させる芸術》としての教育

では、「精神と魂と肉体の完全な調和の実現を目指す真の教育」は、如何なる方法によって実現できるのか。シュタイナーはこの教育方法に関しても、数多くの講演の中で、子どもの発達段階(幼児期、児童期、青年期)に応じたきめ細かな自らの思想を展開している。このシュタイナーの教育方法論の中で、小論の意図との関連で特筆すべきことは、学校教育(特に7歳から14歳を目安とする児童期の教育)においては、全ての授業を「芸術的要素」(künstlerisches Element)で満たすことが必要であり、あらゆる知識や概念を「芸術的美しさ」(künstlerische Schönheit)、「真実の通訳としての美しさ」(Steiner, 1924a, S.136)を通して教えるべきである、という思想である。シュタイナーは、1923年8月、イギリスでの講演において、この教育方法こそがシュタイナー学校(ヴァルドルフ学校)の根本原理であるとして、次のように述べている。

> 現代文明は、芸術的な要素がより一層学校の中に導入されぬ限り、それが必要としている飛躍や上昇を遂げることはできぬのであります。すなわち、本日の講演で申し上げましたように、学校のすべての授業が芸術的要素で充たされるだけでなく、自然や歴史の無味乾燥な理解は、芸術活動に基づく生き生きとした授業、教師の創造力による芸術の息吹に満ちた授業によって、釣り合いがとれなければならぬのであります。これこそ、ヴァルドルフ学校教育の従うべき、必須にして必然的な要素であると、私は考えているのであります。(Steiner, 1923b, S.225, 邦訳、299頁)

あらゆる授業を「芸術的要素」で満たし、知識や概念を「芸術的美しさ」を媒介させて教授すべき根拠としては、もちろん、こうした芸術体験としての授業が、この時期の子どもの発達課題(内的欲求)に最もよく応えるものであることが挙げられる。つまり、幼児期を過ぎて学校に就学する時期の子どもは、「世界は美しいのだから、授業も美しいはずだ」

との内的欲求を持つため、感情や感覚を通した「生き生きとしたイメージ」(anschauliche Bilder)を強く求めるとともに、身体的には特にリズム組織(呼吸、血液循環システム)を整序していく時期である(Steiner, 1919a)。この子どもの内的欲求に応えるためには、子どもの知的な思考に働きかける授業ではなく、感情や意志および身体全体に働きかける絵画・造形・音楽等の芸術的要素に満たされた授業こそが求められるからである(Steiner, 1923b, S.121-123, 邦訳、163-165頁；広瀬、1988；吉田、2008)。

しかし、より重要な根拠は、芸術ないし芸術体験が人間の能力を《覚醒》させる(aufwecken)という、芸術が有する人間形成機能にある。この点について、シュタイナーは、次のように述べている。

> 子どもをこのように芸術的に活動させますと、これによって子どもの心には自己が豊穣すぎるという感情－この感情が極めて重要なのでありますが－が絶えず引き起こされるのであります。知性によって人間の魂は貧しくなり、その内面は荒涼としたものになるのでありますが、芸術的な取り扱いを受けますと人間の内面は豊かになるのでありまして、やがて豊穣すぎるがゆえに、この豊かさを和らげようという要求が起こるのであります。かくして子どもによって体験された生き生きとしたイメージを持つ芸術的なものは、自然に、より「貧しい」概念および観念へと向かうのであり、かくして芸術的なものを減ずること、すなわち、知性化の要求が起こるのであります。(Steiner, 1923b, S.307, 邦訳、168-169頁)

シュタイナーは、芸術的な授業が、子どもの感情に直接的に働きかけるばかりではなく、同時にまだ「眠っている能力を覚醒させること」(Steiner, 1923b, S.52, 邦訳、68頁)、つまり知的な思考の活動を促し、芸術的に学んだ内容を概念化する段階へと、強制的にではなく、ごく「自然に」導く教育の在り方を主張していた。しかも、シュタイナーは、芸術という媒介は感情から思考(知性)を生み出す(覚醒させる)ばかりでなく、感

情から活動的な意志の能力にも刺激を与える(覚醒させる)ことにも注目していた。すなわち、「子どもを芸術的に活動させますと、精神的、肉体的に人間のすべてが活動致しますので、今一つの側面として、ある種の身体活動への飢餓感が子どもに生じ」、「身体活動への渇望を引き起こす」ことにもなる(Steiner, 1923b, S.129, 邦訳、173頁)。

シュタイナーにおいては、「人間の身体活動は、魂-精神的なものとして意志から生じる」(Steiner, 1923b, S.171, 邦訳、127頁)ことから、芸術的な授業は、思考(知性)の能力と意志(身体運動)という双方の人間能力を《覚醒》させることになるのである。別言すれば、芸術的活動を通して、「感情を興奮させる何かに没頭することは、人間の存在全体に働きかける」(Steiner, 1919b, S.20, 邦訳、18頁)ことでもあるため、「芸術的要素」に満たされた授業は「子どもの生の細部に至るまで、精神と魂と肉体の完全な調和の実現を目指す真の教育」(Steiner, 1923b, S.221, 邦訳、294頁)が実現されることになる。そして、この「精神と魂と肉体の完全な調和」が実現された時、シュタイナー教育の究極的目的である「生命力に満ちた人間」(Steiner, 1923b, S.70, 邦訳、92頁)の育成、つまり「生における自己の方向を、自ら決断できる自由な人間(freie Menschen)を育成すること」(Steiner, 1923b, S.233, 邦訳、311-312頁)が達成されることになる。

シュタイナーは、以上のような思想から、真の教育とは、外部から何かを強制的に教え込むことではなく、むしろ「芸術的要素」に充たされた授業を通して、子どもの諸能力を内面から「覚醒させる行為」(Steiner, 1924a, S.40)、「人間の内部にあるものを覚醒させる芸術」(Steiner, 1924a, S.36)、そして端的には「教育芸術」(Erziehungskunst, pädagogische Kunst)であると主張したのである。そして、この芸術が有する人間の《覚醒》機能の考え方は、小論の主題であるシュタイナー学校の教師に必要な資質能力の育成という局面でも、そのまま貫徹されることになる。次にこの局面を検討してみよう。

（3）《教育芸術家》の《覚醒》

　子どもへの教育の在り方は、その教育を担う教師の在り方と不可分である。シュタイナーの場合も、上述したような教育の刷新を論ずる文脈の中で、それとの関連で、「教育芸術」を担う教師に必要とされる資質能力及びその養成の在り方にも言及している。シュタイナーが提唱した教師像は、一言で表すならば「芸術家」(Künstler, Artist)としての教師、つまり「教育芸術家」(Erziehungskünstler, pädagogischer Künstler)ということになる。では、この「教育芸術家」とは、如何なる資質能力を有する教師なのか、また如何にして養成されるのか、シュタイナーの思想を検討してみよう。

　教師である以上、担当する教科に関する学問的知識・理解を有していることは、シュタイナー学校の教師の場合も自明である。加えて、シュタイナー学校の教師には、上述したように、「芸術的要素」に満たされた授業構成により、学問的な知識や概念を「芸術的美しさ」を媒介させて教えることができる能力が必要となる。例えば、シュタイナー学校の1学年から8年間に渡って同一クラスの担任として、主要教科(いわゆるエポック授業方式で授業される)を教え続ける担任教師には、次のような能力が必要とされる。すなわち、シュタイナーの気質論を理解し、子どもの気質に応じて教材をアレンジできる能力、2時間連続で行われるエポック授業を綿密に構成できる能力、詩を朗読し、歌を歌い、楽器(笛やライヤーなど)を演奏する能力、水彩画を描いたり、色チョークで黒板に絵を描く能力、意味のある物語を創作する能力、通信票の文章を書くことができる能力、等々である(Kiersch, 1978, S.51-52)。ドイツ語の＜Kunst＞には、《芸術》の意味と同時に、「技術」つまり＜Technik＞の意味内容も含まれている(英語のArtの場合も同様)。ここに例示されたシュタイナー学校の担任教師に求められる資質能力は、＜Kunst＞(芸術)の一部をなしている＜Technik＞(技術)の側面を強く持つものであることになる。

　しかし、教師に求められる資質能力としてシュタイナーが最重視していたことは、子ども(人間)を真に認識できる能力であった。「人間存在がいかなるものかを理解して初めて私達は、いかに教育すべきか、とい

うことを知り得る」のであるが (Steiner, 1923b, S.91, 邦訳、121 頁)、シュタイナーが求めた「人間認識」は、前述のように、自然科学的・物質主義的な人間認識、つまり「単に骸骨のような思考を持った人間しか生起させぬ抽象的、理論的、非実践的な観察方法」(Steiner, 1923b, S.91, 邦訳、121 頁) ではなく、「真の人間認識」、つまり「より親密に人間の中へと入り込んで行くことができる人間認識」(Steiner, 1924b, S.23) であった。従って、シュタイナーが希求する「教育芸術」を行うことができるか否かは、「ひとえに教師が肉体、魂、精神の全体としての人間存在を深く認識し得るか否かにかかっている」。それは、「肉体、魂、精神という全体的な人間を基礎とする真に実践的な人間認識」であり、「子どもの『読み取り』を実際に可能ならしめる」ものである (Steiner, 1923b, S.103, 邦訳、140 頁)。

　そこで問題は、「教育芸術」を担う教師に不可欠な、「真の人間認識」を可能とする能力とは、より具体的には如何なるものであり、それは如何にして育成されるのか、という教員養成における本質的な課題である。シュタイナーによれば、人間（子ども）を、肉体・魂・精神からなる統一的有機体、つまり「死んだ思考」のみの「骸骨人間」(Skelettmenschen) ではなく、「生命力に満ちた人間」(Steiner, 1923b, S.70, 邦訳、98 頁) として認識するとは、「想像的な認識」(imaginative Erkenntnis) (Steiner, 1923b, S.74, 邦訳、98 頁) を行うことである。この「想像的な認識」を行うためには、通常の「抽象的で、主知的な思考」が「内的に強化され活性化されること」により、「抽象的な思考をイメージへと変える、内面的な造形能力」(Steiner, 1923b, S.21, 邦訳、26 頁。但し、邦訳の訳語を一部修正) を必要とする。「想像的な認識」を可能にする「内面的な造形能力」を、シュタイナーは、「人間の内面を観察する手段」としての「魂の目」であり「魂の耳」としても言い換えている (Steiner, 1924b, S.42)。こうした「内面的な造形能力」ないし「魂の目」および「魂の耳」を用いて「想像的な認識」を行うことができる教師が、「直観力を持った教師」(der intuitive Erzieher) (Steiner, 1923b, S.63, 邦訳、83 頁) ということになる。

　ゲーテは、「人間は世界を知る限りにおいてのみ自己自身を知り、世

界を自己の中でのみ、また自己を世界の中でのみ認識する。いかなる新たな対象も、深く観照されるならば、われわれの内部に新しい器官を開示するのである。」と述べている(ゲーテ、1980、17頁)。シュタイナーは、このゲーテの考え方を継承して、「高次の認識には人間の認識能力の開発が先行している」ことから、「高次の認識能力を開発する以前、認識の限界の彼方にあったものも、各人のうちにまどろんでいる諸能力の開発以後は、認識領域の内側にある。」と考えた(Steiner, 1904, S.20、邦訳、24-25頁)。つまり、シュタイナーによれば、教師が「教育芸術」を行うためには、何よりも「高次の認識能力」としての「想像的な認識」を行うことができなければならないが、そのためにはまず教師となる若者の内部に「魂の目」や「魂の耳」となる「新しい器官」が、「開発」される必要がある。そのため、シュタイナーは、1924年4月のベルン(スイス)における講演会において、「従来とはまったく異なる教員養成教育と大学教育が必要となる」と言明して、教員養成教育の抜本的な刷新を強調することとなった(Steiner, 1924b, S.43)。

では、「魂の目」や「魂の耳」として例えられた、「想像的な認識」のために必要な能力は、如何にすれば「開発」されることができるのだろうか。もとより、それは今日の一般的な教員養成教育では想定されていないものである。シュタイナーによれば、それは、「芸術」を通して、教師を目指す若者の内部から教育者が《覚醒》されることによってである、という。すなわち、シュタイナーによれば、「我々は研究を通して教育者になることはできない。……どの人間の中にも教育者は存在している。しかし、この教育者は眠っているため、覚醒されなければならない。」(Steiner, 1922a, S.162)。その際に、「眠っている」教育者を覚醒させるためには、「芸術的なもの」(das Künstlerische)が必要となる。この「芸術的なもの」こそが、「最初の精密な透視能力をもつ段階、想像的な認識への橋渡しとなるもの」であり(Steiner, 1923b, S.78、邦訳、104頁)、教師として必要な能力である「想像的な認識」のための「内面的な造形能力」を、「覚醒させる手段」となるものである(Steiner, 1924b, S.162)。

シュタイナーは、「眠っている教育者」を《覚醒》させる手段としての「芸術的なもの」として、「造形」(Plastizieren、粘土等の素材から様々な形態を創造する芸術)、「音楽」、「言語造形」(Sprachgestaltung、言葉と身体・魂・精神の結びつきを発声や朗読などの実演を通して認識する芸術)、そして「オイリュトミー」(Eurhythmie、音楽や詩に身体表現を連動させ、人間の本質に迫る身体芸術)などの芸術を例示している(Steiner, 1924a)。これらのシュタイナーが例示した「芸術的なもの」はいずれも、座学の形で概念的・理論的に理解したり、観賞したりするものではなく、教師を目指す若者が、自らの肉体・魂・精神の「人間総体」を用いて取組み、体験すべきもの、端的には「芸術的訓練」(künstlerische Übung) (Steiner, 1923b, S.129, 邦訳、173 頁) であった。シュタイナーは、「より親密に人間の中へと入り込んで行くことができる人間認識」を可能にする「新たな器官」は、「純粋思考が意志として体験される瞬間」である「芸術的な状態」が、自らの「人間総体」の内部に《覚醒》されることによってのみ獲得される、と考えていたのであった(Steiner, 1924b, S.151)。

おわりに

以上、シュタイナーの教員養成論における《芸術による覚醒》という局面に焦点づけて、ゲーテ研究を通して確立された認識論＝芸術論にまで踏み込みながら、シュタイナーの思想の意味内容の解明を試みてきた。荒削りながらも、小論が明らかにすることができたシュタイナーの思想の深みを踏まえることで、小論の冒頭に引用された平易なシュタイナーの文章も、はじめて、我々に熟考を迫るものとして立ち現れることになる。

最後に、芸術科目による「芸術的訓練」が、受講学生に如何なる変化をもたらすのか、学生の自己観察報告を紹介しよう。いずれも、シュタイナー学校の教員養成機関として、1928 年以来の長い伝統を有するシュツットガルト自由大学の学生の報告である。この学生の報告からは、「想

像的な認識」を可能にする「新たな器官」が、確かに《芸術》を通して《覚醒》されている事実を確認することができるだろう。

> 造形的活動の中で、私は完全に集中して自らの限界を体験した。しかし同時に、この限界を克服することが可能であることも体験した。それができるのは、私が事物と完全に一体化し、そのことに集中して活動し、自分の観念を解き放って、より深い認識へと至ることができた時である。私は、工芸的活動が、まさにセラピーとして体験される作用を及ぼしていることを感じた。覚醒、沈着さ、柔軟性、生命力が活性化されていき、対象物の中に私自身の行為が直に反映されることを体験した。（Schiller, 2000, S.107）

> （絵画の訓練が及ぼした）影響として私が体験したことは、色の感覚や授業の中で制作した作品に関する会話とが、自分自身の周囲の世界との関係の在り方や、世界を見抜く視点を拡張してくれたということである。……（色彩体験の）結果として、私は絵画の領域における芸術的活動を、認識能力の拡大として体験した。（Schiller, 2000, S.108）

> 私にとって言語造形は極めて大きな意味があった。何故なら、私はこの言語造形の練習において、私自身のしばしば狭すぎる殻から抜け出ることができ、そして実際に私の最も内奥にある何かが現れたからである。（Schiller, 2000, S.110）

【参考文献】
・青柳亮子（1999）「ルドルフ・シュタイナーの教師教育－シュタイナーの教師観とヴァルドルフ・アストリア校における教師教育」『一橋研究』No.24-3、31-48頁。
・池内耕作（1997）「ヴァルドルフ教育を支えるR.シュタイナーの教師観」『日本教師教育学会年報』No.6、58-76頁。
・遠藤孝夫（2010）「シュタイナー学校の教員養成システムに関する研究－歴史的展開とボローニャ・プロセスに伴う再編－」『岩手大学教育学部附属教育実践総合センター研究紀要』No.9、45-63頁。
・神谷栄司（2004）「幼児の想像発達における精神的なものと身体的なもの（Ⅰ）－身ぶり表現の哲学的・心理的分析－」『佛教大学社会学部論集』No.38、63-75頁。

- 河津雄介(1995)『シュタイナー学校の教師教育　シュタイナー教員養成ゼミナール体験記』学事出版。
- 北村三子(1998)「＜思考＞を見直す－自然認識に関するルドルフ・シュタイナーの試み－」『駒澤大学教育学研究論集』No.14、5-33頁。
- 木村直司(1972)「ゲーテの自然科学的方法論」『上智大学ドイツ文学論集』No.9、95-117頁。
- ゲーテ、(木村直司他訳)(1980)『ゲーテ全集　14』潮出版社。
- ゲーテ、(木村直司編訳)(2009)『ゲーテ形態学論集　植物編』ちくま学芸文庫
- シェーファー、(船尾日出志・船尾恭代監訳)(2007)『教育者シラー　美と芸術による人間性の獲得』学文社。
- 柴山英樹(2009)「ルドルフ・シュタイナーの＜ Erziehungskunst ＞概念に関する思想史的考察－「教育芸術」という訳語問題を手がかりとして－」平野正久編著『教育人間学の展開』北樹出版、127-143頁。
- 瀧崎忠(1999)「アートとしての教えること－デューイの『反省的思考』とその展開－」『名古屋大学教育学部紀要(教育学)』No.46-1、75-84頁。
- 土屋文明(1995)「R・シュタイナーの『教育芸術』論－ヴァルドルフ教育学の基礎的研究－」『小樽商科大学人文研究』No.89、141-167頁。
- 土屋文明(1994)「自由ヴァルドルフ学校の学校建築（１）」『小樽商科大学人文研究』No.87、231-253頁。
- 日野陽子(1991)「シュタイナーの形態教育に観る感覚性と精神性－認識の位相からの一考察－」『美術教育学』No.13、105-112頁。
- 日野陽子(1992)「衝動としての芸術を支える諸要素についての一考察」『美術科研究』No.9、1-11頁。
- 日野陽子(2000)「芸術体験における自己沈潜と美術教育－教育・芸術の宇宙の源を求めて－」『美術教育学』No.21、241-252頁。
- 広瀬俊雄(1988)『シュタイナーの人間観と教育方法』ミネルヴァ書房。
- 広瀬俊雄・秦理恵子(2006)『未来を拓くシュタイナー教育　世界に広がる教育の夢』ミネルヴァ書房。
- 広瀬綾子(2007)「自由ヴァルドルフ学校の演劇教育を支える教師の養成－自由ヴァルドルフ教員養成大学を中心に」『教員養成学研究』第3号、11-21頁。
- 吉田武男(2008)『シュタイナーの人間形成論』学文社。
- Bund der Freien Waldorfschulen（2008）. *Waldorflehrerbildung im Bologna-Prozess.*
- Freie Hochschule Mannheim（2009a）. Bachelor of Arts: Waldorfpädagoge. Modullhandbuch. Stand:19 .02. 2009.
- Freie Hochschule Mannheim（2009b）. Selbstbericht der Freien Hochschule Mannheim zur Vorbereitung der institutionellen Akkreditierung durch den Wissenschftsrat. Satnd:16.

10. 2009.
- Gabert, E.(1961). *Lehrerbildung im Sinne der Pädagogik Rudolf Steiners.* Verlag Freies Geisteslebm.
- Götte, W.(2006). *Erfahrungen mit Schulautonomie. Das Beispiel der Freien Waldorfschulen.* Verlag Freies Geisteslebm.
- Hirose, T./Schmutz,H.U.(2004). Lehrerbildung in der Waldorfpädagogik － Ein Beitrag zur Erneuerung der Lehrerbildung,『同志社女子大学学術研究年報』No.55、145-155頁。
- Kiersch, J.(1978). *Freie Leherbildung. Zum Entwurf Rudolf Steiners.* Verlag Freies Geisteslebm.
- Schiller, F.(1795). *Über die ästhetische Erziehung des Menschen in einer Reihe von Briefen.* Kommentar von Stefan Matuschek,Suhrkamp(2009)、石原達二訳(1977)『シラー美術芸術論集』冨山房。
- Schiller, H.(2000). Die Ausbildung zum Waldorflehrer. Geschichte,Inhalt und Strukturen, in: Fritz Bohnsack/ Stefan Leber（Hrsg.）, *Alternative Konzepte für die Lehrerbildung,* Erster Band: Portraits. Klinkhardt, 2000.
- Schiller, H.(2008). *Physiognomie der Lehrerbildung. Menschen,Ideen und Praxis an der Freien Hochschule Stuttgart.* DMZG Druck- und Medienzentrum Gerlingen.
- Steiner, R.(1886). *Grudlinien einer Erkenntnistheorie der Goetheschen Weltanschauung, mit besonderer Rücksicht auf Schiller.* Rudolf Steiner Verlag(GA2), 浅田豊訳(1991)『ゲーテ的世界観の認識論要綱』筑摩書房。
- Steiner, R.(1888). Goethe als Vater einer neuen Ästhetik, in:Steiner, R, *Kunst und Kunsterkenntnis Grundlagen einer neuen Ästhetik.* Rudolf Steiner Verlag(GA271), 高橋巌訳『芸術の贈りもの』2004年、筑摩書房。
- Steiner, R.(1894). *Die Philosophie der Freiheit.* RudolfSteiner Taschenbuch. Rudolf Steiner Verlag, 高橋巌訳(1987)『自由の哲学』(ルドルフ・シュタイナー選集第8巻)イザラ書房。
- Steiner, R.(1897). *Goethes Weltanschuung.* Rudolf Steiner Verlag(GA6)、溝井鷹志訳(1995)『ゲーテの世界観』晃洋書房。
- Steiner, R.(1904). *Theosophie. Einführung in übersinnliche Welterkenntnis und Menschenbestimmung.* Rudolf Steiner Verlag(GA9), 高橋巌訳(1988)『神智学』イザラ書房。
- Steiner, R.(1906). Die Erziehung des Kindes vom Standpunkt der Geisteswissenschaft, in: Steiner, R, *Elemente der Erziehungskunst. Menschenkundliche Grundlagen der Waldorfpädagogik.* Verlag Freies Gesteslebm(1994), 高橋巌訳(1985)『霊学の観点からの子供の教育』イザラ書房。

- Steiner, R.（1919a）. *Allgemeine Menschenkunde als Grundlage der Pädagogik.* Rudolf Steiner Verlag（GA293）, 高橋巖訳（1989）『教育の基礎としての一般人間学』筑摩書房。
- Steiner, R.（1919b）. *Erziehungskunst. Methodisch-Didaktisches Menschenkunde und Erziehungskunst, Zweiter Teil,* Rudolf Steiner Taschenbücher aus Gesamtwerk. Rudolf Steiner Verlag, 高橋巖訳（1989）『教育芸術 1　方法論と教授法』筑摩書房。
- Steiner, R.（1920）. *Erziehung und Unterricht aus Menschenerkenntnis.* Rudolf Steiner Verlag（GA302a）.
- Steiner, R.（1922a）. *Geistige Wirkenskräfte im Zusammenleben von alter und junger Generation.* Rudolf Steiner Verlag（GA217）.
- Steiner, R.（1922b）. *Die geistig-seelischen Grundkräfte der Erziehungskunst. Spirituelle Werte in Erziehung und sozialem Leben.* Rudolf Steiner Verlag（GA305）, 新田義之訳（2001）『オックスフォード教育講座』イザラ書房。
- Steiner, R.（1923a）. Pädagogik und Kunst, in:Steier, R, *Aspekte der Waldorf-Pädagogik,* Fischer Taschenbuch Verlag, 1987, 新田義之編（1986）『教育と芸術』人智学出版社。
- Steiner, R.（1923b）. *Gegenwärtiges Geistesleben und Erziehung.* Rudolf Steiner Verlag（GA307）, 佐々木正昭訳（1985）『現代の教育はどうあるべきか』人智学出版社。
- Steier, R.（1924a）. *Die Methodik des Lehrens und die Lebensbedingungen des Erziehens.* Rudolf Steiner Verlag（GA308）.
- Steiner, R.（1924b）. *Anthroposophische Pädagogik und ihre Voraussetzungen.* Rudolf Steiner Verlag（GA309）.
- Steiner, R.（1924c）. *Die Kunst des Erziehens aus dem Erfassen der Menschenwesenheit.* Rudolf Steiner Verlag（GA311）, 西川隆範訳（1996）『人間理解からの教育』筑摩書房。

3　カナダ・オンタリオ州における教員管理政策の変容
── 政権交代のインパクト

平田　淳

はじめに

　日本では 2009 年夏に行われた衆議院議員選挙において民主党が圧勝し、1990 年代の細川内閣・羽田内閣の 1 年間を除けば、1955 年の自由党・民主党の合併による「自由民主党」誕生から 50 年以上続いた自民党政権から民主党政権へと、政権交代が実現した。民主党は「地方主権」「脱官僚主導」などをスローガンとして世論の支持を集めたが、教育改革に特化して見てみると、高等学校授業料の無償化、文部省から中央教育委員会への国の教育行政機関の改編、地方における教育行政の一般行政（首長部局）への一元化、教育委員会に代わる教育監査委員会の創設、コミュニティ・スクール設置の推進など、これまでの日本の教育行政システムを根底から変革する多くの政策の実現が主張されている。教員に直接関わる教育改革としては、たとえば教員数の増加による学級規模の縮小、教員免許更新制を廃止し、同時に教員養成を 6 年間とすること、専門免許状等教員免許改革などを掲げていた。しかしその後、鳩山由紀夫首相（当時）や小沢一郎民主党幹事長（当時）の金銭に絡むスキャンダルにより 2010 年 6 月に菅直人が首相となるが、同年の参議院議員選挙で民主党は大敗し参議院での過半数を失った。国会はいわゆる「ねじれ」状態となり議論が進まない中、2011 年 3 月 11 日の東日本大震災及びこれへの対応に追われる形で、教育改革は 2010 年度からの高校無償化と 2011 年度からの小学校 1 年生のみ学級編制標準の 35 人への引き下げ以外、遅々として進んでいない。同年 9 月に首相は野田佳彦に代わったが、野田内閣の教育改革に関する基本方針は、現在までのところ見えていない。つまり、教育改革に対する政権交代のインパクトは、いまのところ大きく

はないということが言えよう。

　他方で、カナダ・オンタリオ州に目を転じてみる。同州では1943年から1985年まで進歩保守党(the Progressive Conservative Party: PC)が政権与党の座を維持していた。その後政権は自由党(the Liberal Party)から新民主党(the New Democratic Party: NDP)[1]へと移り、1995年州議会[2]選挙ではPCが政権の座に返り咲くなど、めまぐるしい政権交代が続いた(Noel, 1997)。PC政府は1999年の選挙を乗り切ったが、2003年選挙では自由党に政権を奪われ、現在に至っている。こういった一連の政権交代の流れの中で、最も急進的な教育改革を行ったのが1995年から2003年まで続いたPC政権である。PC政府はマイク・ハリス(Mike Harris)州首相[3](Premier)の下、「常識革命(the Common Sense Revolution)」をスローガンに掲げ、多くの行財政改革を行った。そこでは「より良いものをより安く(do better for less)」「自助努力」をモットーとする「小さな政府」の実現が目指されていた。教育改革に特化してみると、PC政府は与党の座にあった8年間のうちに、「子どもを第一に考えよう(Putting Kids First)」を合言葉として、州統一カリキュラムの策定や各種の州統一テストの実施(平田、2007a)、教育委員会数の129から72への大幅な削減と統廃合、教員の授業時数増と準備時間数削減による学級規模の縮小など、次から次へと行われる改革政策により現場は混乱し、教員組合は数回大規模なストライキを実施するに及んだ(平田、成島、坂本、2003)。特に教員の地位に直接関わる改革としては、オンタリオ州教員協会(the Ontario College of Teachers: OCT)の創設、オンタリオ州教員資格試験(the Ontario Teacher Qualifying Test: OTQT)の実施、日本で言うところの教員免許更新制である専門学習プログラム(the Professional Learning Program: PLP)や教員業績評価(the Teacher Performance Appraisal: TPA)の導入などが行われた。

　他方で、2003年に政権を獲得した自由党政府は、翌年にはPLPを廃止し、2005年にOTQTを中止、2006年にはこれを廃止し、代わりに新任教員をサポートするための施策として初任者研修制度(the New Teacher Induction Program: NTIP)を導入した。また、2007年にはTPAを教員歴の

長短を考慮する形で再編した。PC 政府の政策が現場に混乱をもたらした反面、自由党による改革施策は比較的好意的に受け取られている(Levin, 2008)。

そこで本章では、カナダ・オンタリオ州を対象とし、PC 政権がどのような教員管理政策を導入し、政権交代後自由党政府がどのように改革を修正したのかを分析し、そこでの政治的背景や改革が学校現場に及ぼした影響などを明らかにすることによって、同じように政権交代したものの改革が遅々として進まない日本の状況を検討する際の 1 つの視点を提示することを試みることとする。但し、紙幅の関係上、上記全ての改革政策を分析対象とすることはできないので、本稿では現行制度として存続している TPA と NTIP を主として検討する。

1. オンタリオ州の教育制度概観

(1) オンタリオ州の学校制度

カナダは 10 の州と 3 つの準州から成る連邦国家であり、教育に関する第一次的管轄権限は州政府にある。オンタリオ州においては、オンタリオ州教育省(Ontario Ministry of Education: OME)が州レベルでの教育行政担当官庁であり、各地域の教育行政を担当する存在として教育委員会(school board)及び教育当局(school authority)(以下、「教育委員会」を両者の総称として用いる)がある。教育委員会の管轄区域と一般行政区域とは必ずしも一致しない。そして教育委員会が各学校を管理運営することになっているが、オンタリオ州の学校制度の最大の特徴は、カナダ建国の民がイギリス系とフランス系であったことに鑑み、言語と宗教の観点から 4 種類の公費で運営される学校(以下、「公費学校」)があることである。すなわち、英語を教授言語とする公立学校(無宗教)、英語を教授言語とするカトリック系学校、フランス語を教授言語とする公立学校、フランス語を教授言語とするカトリック系学校である。教育委員会も、これら学校種別に対応する形で 4 種類存在する。学校段階としては、一般的に

は小学校(elementary school)が幼稚園から8年生、中等学校(secondary school)が9年生から12年生であるが、幼稚園－6年生までの小学校(junior school)や7－8年生対象の中学校(middle school or intermediate school)、9－12年生対象の高校(high school)もある。なお、北米では、日本での小学校1年生から高校3年生までに相当する12学年を、学校段階の違いに関わりなく上述のように通し学年で呼ぶのが一般的である(平田、成島、坂本、2003)。

（2）オンタリオ州の教員制度

オンタリオ州では、OCT(後述)創設以降、後述するOTQTが実施されていた期間を除いて、教員免許は教育学部を卒業(学士号取得)したのちに、OCTに教員免許とOCTへの登録を申請したうえで取得することができる。通常教員養成は、大学で自分の専門とする分野の学部を卒業したうえで教育学部(Faculty of Education)に入学し、所定の授業や実習を習得したうえで、1年で卒業するのが一般的である。教員免許はプライマリー(primary、幼稚園－3年生)、ジュニア(junior、4年生－6年生)、インターミディエイト(intermediate、7年生－9年生)、シニア(senior、10年生－12年生)というディビジョンと呼ばれる4分類から、3種類の組合せで取得される。すなわち、プライマリー&ジュニア(PJ)、ジュニア&インターミディエイト(JI)、インターミディエイト&シニア(IS)のいずれかである。取得希望免許の組合せは、教育学部出願の際に選ぶことになっている。また、学年に関係なく、専門技術関連(コミュニケーション学、サービス学、技術デザイン学など)の教員免許もある。

教員採用は、各教育委員会単位で行われる。選考にあたっては、書類審査と面接が行われるのが一般的である。オンタリオ州内の公費学校で教えるには、OCTの会員であるとともに、教員組合との集団合意に基づき、教員組合の会員であることが求められる。オンタリオ州の教員組合としては、すべての学校種をカバーする形でオンタリオ州教員組合(Ontario Teachers' Federation: OTF)がある。OTFは教員組合ではあるが、

1944 年に「教職法(the Teaching Profession Act)」に基づいて設立された団体である。教職法第 3 条では OTF の設立趣旨として、「教育の目的を推進し前進させること」、「教職の地位を向上させること」、「教育における公の利益を増進させること」などが掲げられている。OTF の傘下には、オンタリオ州小学校教員組合(Elementary Teachers' Federation of Ontario: ETFO)、オンタリオ州中等学校教員組合(Ontario Secondary School Teachers' Federation: OSSTF)、オンタリオ州英語・カトリック系教員組合(Ontario English Catholic Teacher Association: OECTA)、オンタリオ州フランス系教員組合(L'Association des enseignantes et des enseignantsfranco-ontariens: AEFO)の 4 組合がある。

　教員免許を取得し、実際に学校で教え始めた後も資格を追加し、キャリアアップを図ることができる。たとえば、PJ の資格を有している者がさらにインターミディエイトの資格がほしければ、教員養成プログラムでインターミディエイトの追加資格(Additional Qualification: AQ)コースに登録し修了することによって、インターミディエイトに該当する学年でも教えることができるようになる。AQ の数と内容は給与や昇進にも関わってくるため、AQ 取得を希望する現職教員の数は多い(平田、成島、坂本、2003)。

（3） オンタリオ州教員協会(OCT)

　OCT 設立の契機は、NDP 政権下で設置された「学習に関する王立委員会(Royal Commission on Learning: RCL)」が 1994 年に出した報告書『学ぶことを好きになるために(*For the Love of Learning*)』である。これは 503 頁にも及ぶ大部の報告書であり、その後の PC による教育改革にも影響を与えることとなる。本報告書は 4 部から構成されるが、教員関連政策に直接的に触れているのが第 3 部「教育者(the Educators)」である。そこでは、高度な専門職としての教員自治を達成するための組織として OCT の創設が提言されている(RCL, 1994)。そして政権交代の後、PC 政府は 1996 年に「オンタリオ州教員協会法(the Ontario College of Teachers Act)」を制

定し、翌 1997 年に OCT を創設することになる。その後現在に至るまで、オンタリオ州における公費学校で教員をするためには、OCT の会員でなければならないこととされている。OCT は教員に関する情報(取得した AQ や免許の種類など)を管理し、教員に関連する各種政策に直接間接に関わることとなる。OCT が真に教員自治を促進するための機関となっているのか、政府によるコントロール強化の隠れ蓑として機能しているのではないかということについては議論がある(Glassford, 2005)が、自由党政権となった現在でも教員に関わる政策を立案・実施する際に重要な役割を果たしているということは事実である。

2．教員業績評価(TPA)

TPA の制度化に関しても、その端緒となったのは RCL 報告書である。報告書は次のように述べている。

> 第一に、成果は基準が維持されていることを確保するために、アカウンタビリティの目的で監視されなければならない。内部的には、学校や学校制度はスタッフが良好に成果を挙げていることを確信することを望む。学校や学校制度におけるある範囲での指標に関する体系的なデータ収集を提言したように、学校は期待されていることを行っていることで大衆を満足させるために、教員や管理職の職務に関して体系的にデータを収集するということは重要である。しかしもう一つの目的も重要である。すなわち、そのように成果を評価することで、人々は彼らが現在行っていることを改善することができるということである。このように評価は良好になされていることを認識することであり、より高いレベルでの成果を引き出すものである。たとえば、教員や校長はどれほど良好に教育をおこなっているか、あるいは学校を運営しているかに関する迅速かつ適切なフィードバックを必要とする。教員や管理職は、上から課されるのではなく、

共同して目的と優先順位を設定するのが理想的である。また、教育とは複雑かつ困難であるため、教員自身の専門的判断が重要である。いかに良好に目的が達成されたかを評価するに際して、保護者や子どもの認識は、いかに子どもが良好に学習しているかに関するデータとして適切である(RCL, 1994)。

　このような認識を受けて、PC 政府は 2001 年 12 月に「教室における質に関する法律(the Quality in the Classroom Act)」を制定し、州統一の教員業績評価(TPA)を導入した。TPA の制度目的は、満足のいく形で自らの職務を果たしている教員によりなされる教育から生徒が利益を受けることを保障すること、すべての学校において公正で効果的で一貫した教員評価を提供すること、そして教員の職能成長を促進すること、などとされている。評価の視点は子どもと子どもの学習への関与、専門知識、教育実践、リーダーシップとコミュニティづくり、継続的専門学習への参加などであり、これらは OCT により作成された『教職のための実践基準(*Standards of Practice for the Teaching Profession*)』[4] に基づいている。TPA は基本的に公費学校で教える全教員に適用されるが、臨時採用の教員(occasional teachers)や継続教育機関の教員、指導主事(supervisory officers)、校長、副校長、教員養成機関の教員は除外される(OME, 2002a)。

　TPA の概要は次のように整理される。まず、評価は原則として 3 年サイクルで行われるが、当該教育委員会において採用後 24 ヶ月以内の新任教員はその間毎年行われる。評価実施年には最低 2 回の評価が行われる。評価者は校長であるが、委任がある場合は教頭その他の指導主事が行うこともある。必要と認められる場合、校長は追加的な評価を実施することができる。評価実施年以外に必要と認められる場合、教員は追加的な評価実施を求めることができるが、追加的評価が改善に結びつかないと判断される場合、校長はこれを拒否できる。評価プロセスにおいては、1 回の評価につき最低 1 回の授業観察が行われる。授業観察の前後には、校長と被評価教員との間で面接が行われる。観察前面接においては、各教員は校長と協議の下、年次学習計画(the Annual Learning Plan:

ALP)を作成する。ALPには専門的成長の目的、理論的根拠、行動計画とタイムラインなどが記載される[5]。授業観察においては、州教育省が準備した「観察ガイド(Observation Guide)」が使われる。授業観察後には、評価者と教員はできるだけ早く面接を開き、観察した授業やその他評価に関連する事項について検討する。評価においては、各教員に関する保護者や生徒(11・12年生)の意見(年に1度実施される保護者・子ども対象のアンケート調査)を考慮しなければならない(調査項目は教育委員会が校長やスクールカウンシル、関心をもっている保護者や生徒との協議の上、作成しなければならない)。教員はこれら意見を検討する機会を与えられなければならない。評価者は保護者や生徒の意見に対する当該教員の反応を考慮に入れたうえで評価を行う。評価結果は模範的(Exemplary)、良好(Good)、十分(Satisfactory)、不十分(Unsatisfactory)の4段階で出される。この際、評価の結果が給与に反映されることはない。

　第1回評価で「不十分」の評価を受けた教員に対しては、文書による改善計画が与えられ、決められた期間内に成果を改善するよう様々なサポートやガイダンスが与えられる。第1回評価では「模範的」「良好」「十分」のいずれかであったが、第2回評価で「不十分」の評価を受けた場合も、第1回評価が「不十分」だった教員と同様の対応が採られることになる。第1回評価で「不十分」となり、必要な要件をこなしたうえでの第2回調査が「模範的」「良好」「十分」のいずれかであった場合、改善の跡が見られるとして当該評価年における評価は終了となる。第1回第2回連続で「不十分」の評価を受けた場合、当該教員は「レビュー・ステイタス(Review Status)」の地位に置かれ、力量向上のための様々なトレーニング等が実施される。レビュー・ステイタスに置かれた日から120授業日以内に、3度目の評価が実施される。第3回評価において「模範的」「良好」「十分」のいずれかの評価を得た場合、レビュー・ステイタスは終了となる。第3回評価においても「不十分」の評価が下された場合、校長は当該教員との契約を終了する旨記載された勧告書を、当該教員の評価に関するあらゆる文書とともに、教育委員会に提出する。教育委員会では勧告書を受

け取ってから60日以内に、当該教員を継続して雇用するかどうかの投票が行われ、その結果としては契約を終了する場合もある。教育委員会で審議している期間内は、当該教員は有給停職となるか、他の業務を与えられる(OME, 2002a)。

自由党政府は政権奪取後、PLPとOTQTの廃止に続き2007年にTPAの制度改正を行った(Larsen, 2009)。現行制度は2010年に改正されたものであり、その目的は次のように規定されている。すなわち、「教員の職能開発を促進すること」、「専門的学習と成長を奨励するような教員の成果に対する意味のある評価を提供すること」、「必要な場合の追加的支援の機会を認識すること」、「一般へのアカウンタビリティを果たす方策を提供すること」、である。TPAは教員養成プログラム、NTIP(初任者研修)、その他各教員の教員生活を通して得られる学習等と補完的に機能するものであり、これら連続した専門的学習の統合された一部であると位置づけられている(OME, 2010a)。

PC政権下のTPAにおいては、教員歴の違いは新任教員のTPA実施が採用後2年間なのに対し、2年目以上の教員については3年サイクルである以外にはなかったが、現行制度では様々な面で新任教員(new teachers)と2年目以上の経験を積んだ教員(experienced teachers)とは別異に実施されている。たとえば、新任教員に対しては採用後1年内に2回の評価を行うのに対し、2年目以上の教員は5年ごとに1回行われることになっている。新任教員の定義自体にも相違がある。PC政権下では、当該教育委員会外で教員歴のある教員が当該教育委員会管轄下の学校で教え始める場合、当該教育委員会にとっては新任であるため、TPAにおける「新任教員」に含まれることになっていたが、現行制度においては、こういった教員には採用後1年間に最低1回の評価を行えば足りるということになっている。また、評価の基準となるOCT作成の『教職のための実践基準』には、教員に求められる技術や知識、態度に関する5つの領域が定められおり、これはさらに16項目に細分化されているが、表3－1に示す通り、2年目以上の教員に関しては全項目が適用され

るのに対し、新任教員にはこのうち8項目のみ適用されることになっている。また2年目以上の教員には毎年 ALP の作成が義務付けられるが、新任教員には課されない(OME, 2010a)。

図3－1は、2年目以上の教員の評価プロセスを表したものである。評価結果に関しては、2年目以上の教員は「十分」あるいは「不十分」のいずれかの評価を受ける。「十分」の評価を受けた場合、TPA は終了し、次の TPA 実施は5年後ということになる。「不十分」の評価を受けた場合、15授業日以内に改善計画を作成・実施し、60日以内に第2回評価が実

表3－1　TPA において教員に求められる能力

領域	能力
子ども及び子どもの学習への関与	・教員はすべての子どもの福利(Well-being)への関与を示している。
	・教員は教育を行い、子どもの学習と成果を支援する努力に専念している。
	・教員はすべての子どもに、公平に尊敬を持って、対応している。
	・教員は子どもが課題解決者、意思決定者、生涯学習者、変容する社会の献身的メンバーとなるよう奨励するような学習環境を提供している。
専門知識	・教員は担当する教科、オンタリオ・カリキュラム、教育関連法規に関して知っている。
	・教員は効果的な教育や評価実践を多く知っている。
	・教員は学級経営戦略を多く知っている。
	・教員は子どもがどのようにして学ぶのかや、子どもの学習と成果に影響を及ぼす要因について知っている。
専門的実践	・教員は子どもの学習と成果を促進するための、子ども、カリキュラム、法規、教育実践、学級経営戦略に関する専門知識と理解を活用している。
	・教員は子ども、保護者、同僚と効果的なコミュニケーションをとっている。
	・教員は子どもの進歩や学習成果について評価し、その結果を定期的に子どもや保護者に報告している。
	・教員は多様な出所や資源を用いて、継続的な学習と省察を通して、自らの教育実践を適合させ、また製錬している。
	・教員は自らの教育実践や関連する職業的責任分野において適切なテクノロジーを活用している。
学習コミュニティにおけるリーダーシップ	・教員は教室や学校において、学習コミュニティを創り維持するために、他の教員や同僚と協働している。
	・教員は子どもの学習や成果、学校のプログラムを高めるために、他の専門家や保護者、コミュニティのメンバーと協働している。
継続的専門学習	・教員は継続的な専門学習に従事し、これを自らの教育実践を改善するために適用している。

＊新任教員の評価においては、網掛けの8項目のみが適用される。
出典：(MOE, 2010a)掲載の表を筆者が翻訳。

第 1 部　教員と教員政策　65

```
              ┌─────────────────────────────────┐
              │              評価                │
              └─────────────────────────────────┘
                 │                        │
                 ▼                        ▼
         ┌──────────────┐          ┌──────────────┐
         │    十分       │          │   不十分      │
         └──────────────┘          └──────────────┘
                 │                        │
                 ▼                        ▼
         ┌──────────────┐          ┌──────────────┐
         │   TPA 終了    │          │15 授業日以内に強化│
         └──────────────┘          │プランを策定・実施 │
                                   └──────────────┘
                                           │
              ┌─────────────────────────────────┐
              │          第 2 回評価              │
              └─────────────────────────────────┘
                 │                        │
                 ▼                        ▼
         ┌──────────────┐          ┌──────────────┐
         │    十分       │          │   不十分      │
         └──────────────┘          └──────────────┘
                 │                        │
                 ▼                        ▼
         ┌──────────────┐          ┌──────────────┐
         │   TPA 終了    │          │「レビュー・ステイタ│
         └──────────────┘          │ス」におかれる。15授│
                                   │業日以内に改善計画の│
                                   │   策定・実施。    │
                                   └──────────────┘
                                           │
              ┌─────────────────────────────────┐
              │          第 3 回評価              │
              └─────────────────────────────────┘
                 │                        │
                 ▼                        ▼
         ┌──────────────┐          ┌──────────────┐
         │    十分       │          │   不十分      │
         └──────────────┘          └──────────────┘
                 │                        │
                 ▼                        ▼
         ┌──────────────┐          ┌──────────────┐
         │   TPA 終了    │          │当該教員との契約│
         └──────────────┘          │  終了を勧告    │
                                   └──────────────┘
```

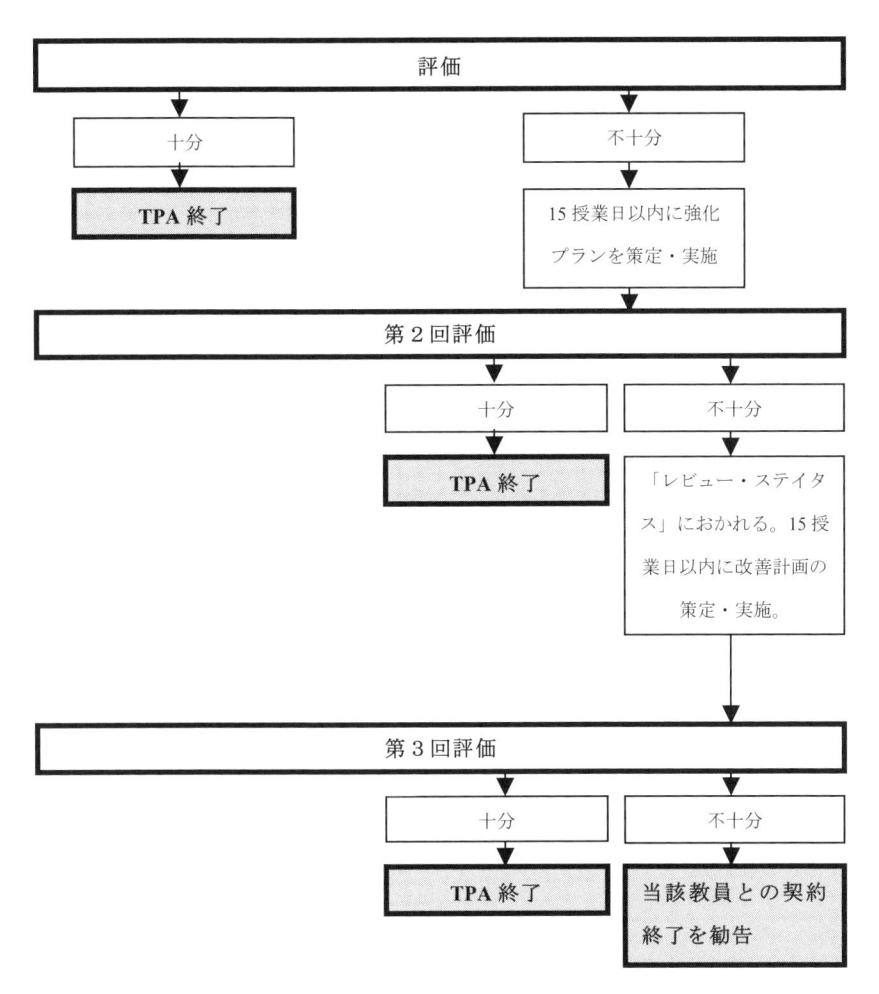

図 3－1　2 年目以上教員の TPA プロセス・フローチャート

出典：(OME, 2010a, p. 43) 中の図を筆者が翻訳・簡略化した。

施される。ここで「十分」の評価を得た場合 TPA は終了となるが、「不十分」の評価を得た場合、当該教員はレビュー・ステイタスの地位に置かれ、15 授業日以内に再び改善計画の作成・実施を求められ、それから 120 授業日以内に第 3 回評価が行われる。ここで「十分」の評価を得た場合、TPA は終了するが、ここでも「不十分」と評価された場合、校長は教育委員会に対し、当該教員との契約を終了する旨の勧告書を送付することになっている。

　他方で図 3 − 2 に示す通り、新任教員に関してはより細かい評価プロセスが設定されている。まず評価プロセスを終了するには、「十分」の評価を 2 回受けなければならない。第 1 回目の評価は「十分」か「要開発（Development Needed）」のいずれかでなされる。そのとき「十分」の評価を得た教員は、第 2 回目評価でも同様の格付けで評価されるが、第 1 回目評価の際に「要開発」の評価を得た教員は、第 2 回目の評価は「十分」か「不十分」で評価される。校長は当該新任教員が前の評価で「要開発」の評価を得た場合にのみ、「不十分」の評価を与えることができる。第 1 回評価第 2 回評価ともに「十分」の評価を受けた新任教員については、同年の評価は終了（NTIP も終了）し、次の TPA 実施は 5 年後ということになる。他方、1 回目の評価が「十分」で、2 回目の評価が「要開発」であった場合、15 授業日以内に強化プランの作成がなされ、当該教員は 2 年目の NTIP に入る。つまり、「新任教員」の地位にとどまることになる。第 1 回評価が「要開発」で第 2 回評価が「十分」であった場合も、TPA・NTIP は継続する。また、第 1 回評価が「要開発」で第 2 回評価が「不十分」であった場合、当該教員はレビュー・ステイタスとされ、15 授業日以内に改善計画の作成・実施がなされ、120 授業日以内に第 3 回評価が行われる。第 1 回評価か第 2 回評価のいずれかで「十分」の評価を得たが、いずれかで「十分」の評価を得られなかった者が、第 3 回評価で 2 回目の「十分」の評価を得た場合、TPA・NTIP は終了する。第 3 回評価で初めて「十分」の評価を受けた場合、第 3 回評価結果がでてから 120 授業日以内に第 4 回評価がなされ、そこで 2 回目の「十分」の評価を得た場合、TPA・NTIP

第1部 教員と教員政策 67

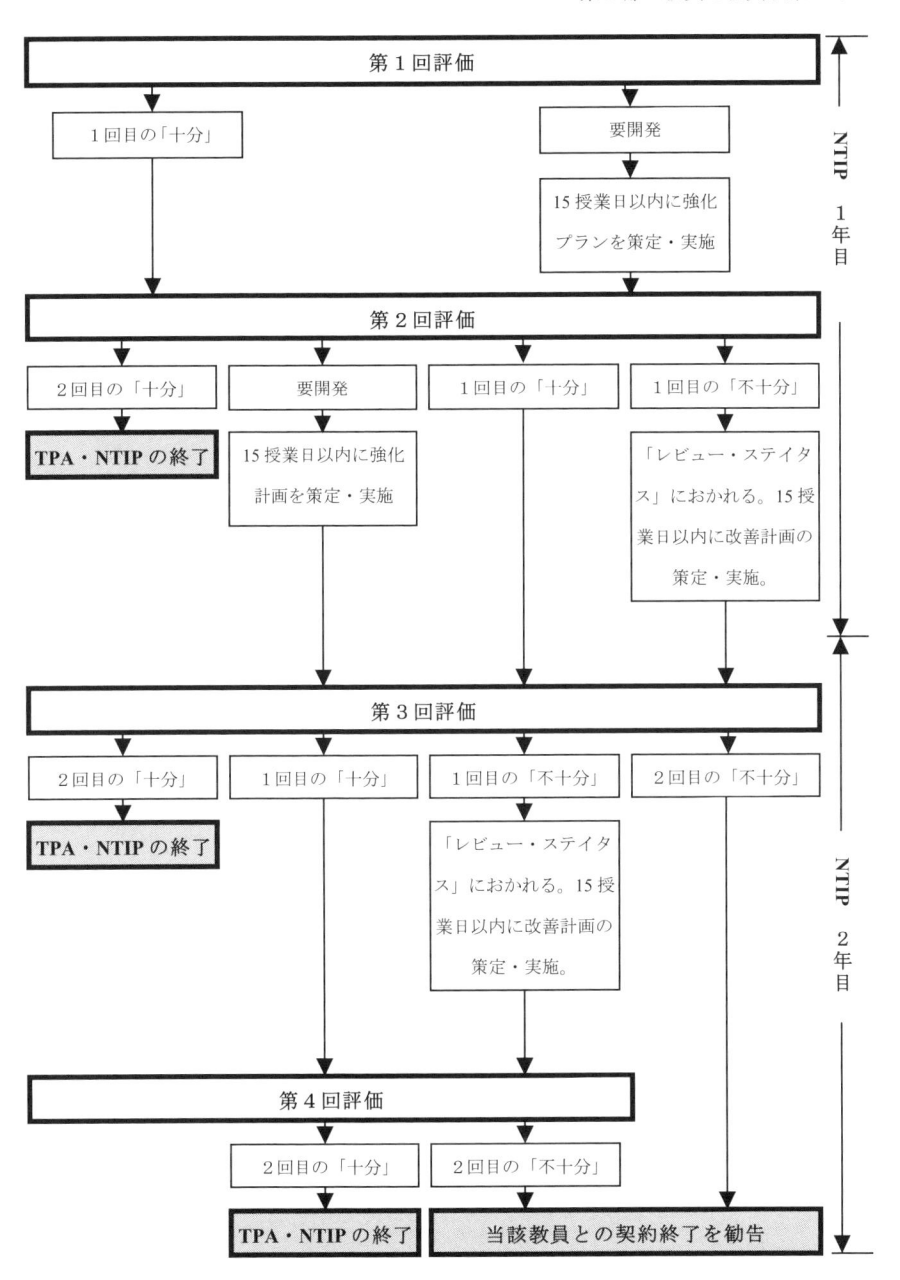

```
┌─────────────────────────────────┐  ▲
│          第1回評価                │  │
└─────────────────────────────────┘  │
    ↓                    ↓           │
┌─────────┐       ┌─────────┐        │ N
│1回目の   │       │ 要開発   │        │ T
│「十分」  │       └─────────┘        │ I
└─────────┘            ↓             │ P
    │          ┌─────────────┐       │
    │          │15授業日以内に│       │ 1
    │          │強化プランを │        │ 年
    │          │策定・実施   │        │ 目
    │          └─────────────┘       │
    ↓               ↓                │
┌─────────────────────────────────┐  │
│          第2回評価                │  │
└─────────────────────────────────┘  │
  ↓        ↓        ↓         ↓      │
┌──────┐┌──────┐┌──────┐┌───────┐   │
│2回目 ││要開発││1回目 ││1回目の│    │
│の「十││      ││の「十││「不十 │    │
│分」  ││      ││分」  ││分」   │    │
└──────┘└──────┘└──────┘└───────┘   │
  ↓       ↓                 ↓       │
┌──────┐┌──────────┐  ┌───────────┐ │
│TPA・ ││15授業日  │  │「レビュー・│ │
│NTIPの││以内に強化│  │ステイタス」│ │
│終了  ││計画を策定│  │におかれる。│ │
└──────┘│・実施    │  │15授業日以内│ │
        └──────────┘  │に改善計画の│ │
                      │策定・実施。│ │
                      └───────────┘ │
             ↓        ↓        ↓    ─ ─
┌─────────────────────────────────┐
│          第3回評価                │
└─────────────────────────────────┘   ▲
  ↓        ↓        ↓         ↓      │
┌──────┐┌──────┐┌──────┐┌───────┐   │
│2回目 ││1回目 ││1回目 ││2回目の│   │ N
│の「十││の「十││の「不││「不十 │   │ T
│分」  ││分」  ││十分」││分」   │   │ I
└──────┘└──────┘└──────┘└───────┘   │ P
  ↓                ↓                 │
┌──────┐      ┌───────────┐         │ 2
│TPA・ │      │「レビュー・│          │ 年
│NTIPの│      │ステイタス」│          │ 目
│終了  │      │におかれる。│          │
└──────┘      │15授業日以内│         │
              │に改善計画の│          │
              │策定・実施。│         │
              └───────────┘          │
            ↓        ↓               │
┌─────────────────────────────────┐  │
│          第4回評価                │  │
└─────────────────────────────────┘  │
       ↓              ↓              │
  ┌──────────┐  ┌──────────┐        │
  │2回目の   │  │2回目の   │        │
  │「十分」  │  │「不十分」│        │
  └──────────┘  └──────────┘        │
       ↓              ↓              │
  ┌──────────┐  ┌──────────────────┐│
  │TPA・NTIP │  │当該教員との契約終 ││
  │の終了    │  │了を勧告          ││
  └──────────┘  └──────────────────┘▼
```

図3-2　新任教員のTPAプロセス・フローチャート

出典：(OME, 2010a, p. 39-40)中の2つの図を筆者が翻訳・簡略化・統合した。

終了となる。第 3 回評価で初めて「不十分」の評価を得た場合当該教員はレビュー・ステイタスの地位に置かれる。第 4 回評価で 2 回目の「十分」評価を得た場合、レビュー・ステイタスを離れ、TPA・NTIP が終了するが、ここで 2 回目の「不十分」評価を受けた場合、校長は教育委員会に、当該教員との契約を終了する旨の勧告書を提出することになる(OME, 2010a)。

これら PC 政権下の TPA と現行制度とを比較すると、現行制度が一方で経験を積んだ 2 年目以上の教員に関してその経験を肯定的に受け止め、TPA のプロセスを簡略化している反面、評価基準においては、経験を積んでいるからこそ全項目を適用するなど、新任教員に比べると厳格になっている。他方で新任教員に関しては、NTIP と密接に関連付けることによって、経験不足だからこそより細かい評価プロセスを課しているのに対し、評価基準の適用は軽減されている。つまり、教員歴の長短と他のプログラムとの関連性により TPA の運用を区別しているということがわかる。

3．初任者研修(NTIP)

OCT の創設や TPA の導入と同様、NTIP の制度化を提言したのも RCL(1994)であった。RCL は次のように述べて、NTIP 導入の必要性を主張した。

> ワークショップに参加することや経験を積んだ教員や教育コンサルタントからの支援を得るよう、多様な手段を用いること。なぜか？なぜなら、生徒を教えるための完全な責任を果たすようになることは重要であり、結局のところ、もし新任教員が自らのキャリアにとって最高のスタートを切るならば、それは生徒や学校にとって利益となるからである。(中略)新任教員への支援プログラムの評価は、新任教員とこれに参加する経験を積

んだ教員の両方に利益をもたらす。不幸なことに、これらは現在の財政的制約の文脈においては縮小される種類のプログラムである。我々は、政策の優先順位について再考するときであると信じている。なぜなら教職1年目は後々の献身と専門性を決定づけることにおいて重要だからである。

　RCLの提言から6年後の2000年、OCTはPC政権下の2000年に出した、直接的にはOTQTに関する報告書『教職における有能さを維持し、確保し、提示する(*Maintaining, Ensuring and Demonstrating Competency in the Teaching Profession:A Response to the Request from the Minister of Education re a Teacher Testing Program*)』の中で、NTIPの制度化を提言した。また、2003年12月には、直接的にNTIPの制度化を勧告する報告書『初任者研修：成長して教職に就く(*New Teacher Induction: Growing into the Profession*)』(以下、「2003年報告書」)を出した。当時は既に自由党に政権が移行した後だったが、2003年報告書の作成自体はPC政権下で行われていた。OCTがNTIPの制度化を提言したのは、新任教員がスムーズに教職に入れるような体系的サポートをほとんど受けていないという現状認識に基づいていた。すなわち、OCTが行った調査によると、18％の新任教員が教育委員会から何のオリエンテーションも受けていないこと、公的なメンタリング・プログラムを受けた1年目及び2年目の教員は総数の5分の1以下であったこと、20％の新任教員が教育委員会レベルでの意味のある研修を受けていないこと、20－30％の新任教員が3年以内に退職していることなどが明らかとなった。こういった状況を克服するために、OCTはNTIPの制度化を提言したのであった(OCT, 2003)。
　この時点でのOCTのNTIP制度構想としては、まず新採2年間を対象としていた。そのうえで、NTIPは次の9つの構成要素を含むものとされていた。まず目標の設定である。つまり、NTIPが生徒の学習を改善させること、新任教員を惹きつけ職に留まるようになされること、新任教員が自らの教育実践を改善する助けとなること、新任教員それぞれ

を学校文化に融和させること、専門性開発のための機会を提供すること、協働的な学校環境に貢献すること、新任教員が効果的な教員になるために必要とする技術や支援を受けていることを大衆に示すこと、などである。第2に、NTIPと専門的・倫理的基準との明確な関連付けである。すなわち、OCTはオンタリオ州の教員の行動規範として、上述の『教職のための実践基準』に加えて、『教職のための倫理基準（the Ethical Standards for the Teaching Profession）』を定めているが、NTIPの各種活動はこれら基準と関連付けて行うことが求められている。第3に、教育委員会や学校に関するオリエンテーションを行うことである。特に1年目の教員に対しては、教育委員会レベルで構造化された面接を行うことを提言している。また学校レベルでも、当該学校の文化や政策、ルーティン、スケジュールや施設設備などについて周知することを求めている。第4に、後述するメンターだけでなく、校長他管理職やその他の教員からの支援も確保するよう提言している。そしてNTIPの中で最も重視されているのが、第5のメンタリング（mentoring）である。つまり、基本的には各学校レベルで新任教員に対しメンター（mentor）を配置し、コーチや情報提供者、アドバイザー、役割モデル、そして支援者として活動するということである。そこではメンターと新任教員はチームとして活動することが求められている。報告書ではメンターとして相応しい適性として、学校や教育委員会において信頼を持たれていること、対人間能力に長けていること、新任教員の専門的成長に関与していること、優れた教育実践を行っていること、自ら研鑽に励んでいること、などが挙げられている。留意点として、メンターとなるのは任意でなければならないこと、業績評価とは切り離して考えることなどが指摘されている。第6に、NTIPをより効果的にするために、新任教員だけでなくメンターに対しても研修の機会を提供することが挙げられている。また新任教員の研修が、1年目はより公的なものであるのに対し、2年目はアクション・リサーチやAQなど、より職場環境や個々の教員の条件に適した形態でなされることが望ましいとしている。第7に公欠時間（release time）の設定である。

すなわちNTIPでの活動は、有給で行われるべきことを指摘している。第8に、新任教員に対する承認である。すなわち、新任教員やメンターによるNTIP活動を肯定的に受け止め、新任教員が職場や保護者、子どもから「承認されている」という意識を醸成するような働きかけの重要性を指摘している。最後に、評価である。これは新任教員に対する評価ではなく、各教育委員会あるいは学校で設定された個別のNTIPが効果的に機能したかどうかを検証し、更なる改善に役立てる資料を得ることを意味している (OCT, 2003)。

　PC政府は、OTQT、PLP、TPAに続く教員改革第二局面の1つとしてNTIPの制度化を予定していたが、2003年総選挙で敗北したため、これはとん挫することになった (OME, 2002b; Glassford & Salinitri, 2007)。政権交代後、自由党政府は2006年に「子どもの成果に関する法律 (the Student Performance Act)」によって教育法を改正し、OTQTに代わる新採教員の力量を確保する手段としてNTIPを制度化した。その後2009年に実施マニュアルが出されたが、現行制度は2010年に出されたマニュアル「初任者研修プログラム－研修要素マニュアル－ (*New Teacher Induction Program: Induction Elements Manual*) (OME, 2010b) によって実施されている。OCTによる2003年報告書におけるNTIP制度構想と大きく異なる点は、NTIPが含むべき構成要素が9つから3つに削減されたこと、期間を1年に短縮したこと、TPAとの一体性が強調されていること、である。3つに削減された構成要素は、「学校及び教育委員会に関するオリエンテーション」、「経験を積んだ教員によるメンタリング」、「新任教員に適した専門性開発とトレーニング」である。また、これら3点の相互関係について、実施マニュアル (2010b) においては次のように述べられている。

　　オリエンテーション、メンタリング、専門性開発とトレーニングといったNTIP構成要素と関連して、新任教員に対する業績評価のプロセスは新任教員の継続的成長と開発を支援し促進するためにデザインされている。(中略) 評価プロセスを通じて、

新任教員の技術や知識、態度が評価され、強さや成長を必要とする領域が認識され、改善のための次のステップが計画される。それによって NTIP のプロセスに情報を提供するのである。(p. 10)

具体的には、TPA・NTIP 双方とも対象を採用後 1 年としており、メンタリングなど様々な NTIP が実施される中、上述の通り、TPA において 2 回連続で「十分」の評価を得た場合に NTIP も終了となる。他方で、TPA において 2 回連続で「十分」の評価を得られなかった場合、NTIP は 2 年目も継続される。そして採用後 2 年のうちに 2 回「十分」の評価を得られた場合、TPA と同時に NTIP も終了となるとされている (OME, 2010b)。

その他 NTIP において重要な点としては、まず新任教員とメンターは協働して、NTIP を開始するに際して「個別 NTIP 戦略フォーム (Individual NTIP Strategy Form)」を作成することである。内容は上述の要素を満たすためにどのような戦略を、どのような時間枠で実施するのか、などである。つまり、NTIP はこのフォームに基づいて個別的・計画的に行われることになる。また、メンターの適性として、「OCT の良好な会員であること」、「経験を積んだ教員であり、大人と子ども両方と共同して作業することに長けていること」、「現行カリキュラムと教育・学習戦略に関して知識があり、熟練していること」、「問題解決能力があること」、「教員としての優秀な役割モデルであること」、「他者の見解やフィードバックに対してオープンであり、継続的な生涯学習者であること」、「聞く耳をもっており、効果的なコミュニケーションをとれること」、「効果的な対人間スキルを有すること」の 8 点が挙げられており (OME, 2010b)、NTIP におけるメンターの果たす役割の重要性が、一層強調されていることがわかる。それはモア＆ブルーム (Moir& Bloom, 2003; Glassford & Salinitri, 2007) やインガーソル＆クラリック (Ingersoll & Kralik, 2004)、ヘルステン他 (Hellsten et al., 2009) など、先行研究が指摘する、NTIP 類似の制度ではメンタリング機能が中心に置かれるべきであるという知見と合致す

るし、実際にオンタリオ州の NTIP の実態を調査したバレット他(Barrett, et al., 2009)による研究においても、「メンターが NTIP カリキュラムの成果にとって鍵である」(p. 691)ということが指摘されている[6]。

4．考察——教育改革における政権交代のインパクト

1995 年の政権奪取以来 PC 政権が推し進めてきた教員管理強化政策は、2003 年を境に政権が自由党に移ったことを契機として、大きく修正されるに至った。つまり、政権交代、引いては政党の教育観が実際の政策立案に大きなインパクトを持っていた、ということになる。そこでは、何が教育改革のゆくえを左右していたのであろうか。

（1） PC 政権の教育改革——新保守主義教育改革

まず第一に、PC 政府が常識革命と称して大幅な歳出削減を行った背景には、1995 年時点での州財政の危機的状況があった。カナダでは 1960 年代には社会保障・社会福祉の主要な制度が導入され、その手厚さがカナディアン・アイデンティティにまでなっていった。しかし 1970 年代には経済停滞の時代に入り、ケインズ主義からの決別・中央銀行による貨幣供給の制限と物価抑制を核とするマネタリズムの採用へと移行し、それが 1980 年代末には新自由主義へと転換していった。この連邦レベルでの深刻な財政状況は州レベルにも当てはまり、1993 年度には全州が赤字であった(岩崎、2002)。オンタリオ州を見てみると、NDP が政権を取った 1990 年には累積債務が 400 億カナダドルであった。しかし NDP の左派的政策により政権末期にはその額は 1,000 億ドルを超える状態となり(山崎、1997)、財政赤字も 1993 年が 112 億 200 万ドル、1994 年が 101 億 2,900 万ドルと悪化していった(岩崎、2002)。このような状況で行われた 1995 年総選挙では、「州民一人当たりの州債務負担額 1,000 カナダドル」、「1 時間ごとに 100 万ドルの財政赤字が発生する」という劣悪な状況に陥った州財政の再建が最大の争点となり、「自助努力の徹底(つまり政府支出の削減)」、「規制緩和による効率化の促進」、「経済

合理性の追求」等に基づく「小さな政府」を標榜した、マイク・ハリス率いる PC が政権を担うことになった。ハリス州首相(当時)は首相就任 3 週間後に総額 19 億ドルに上る歳出予算削減案を公表したが、その中にはたとえば、生活保護関連予算の約 20％削減や低額家賃の公共住宅建設の中止、デイケア施設の民営化、大学予算の大幅削減などが盛り込まれていた(山崎、1997)。また、州内自治体のリストラを推進するなど、一連の大幅な歳出削減策が功を奏し、1995 年度には 88 億ドルだった財政赤字が 1996 年には 75 億ドル、1997 年度 66 億ドル、1998 年度 35 億ドルとなり、1999 年には均衡財政を達成し、以後は黒字を維持している(岩崎、2002)。教育に関しては、上述のように大幅な教育委員会の統合や学校の統廃合を進めることによって人件費を削減し、学級規模の縮小を教員増ではなく授業時数増によって達成しようとするなど(平田、成島、坂本、2003)のほかにも、子どもや青年のための多くの教育プログラムを廃止することなどを通して、教育予算を大幅に削減した(Levin, 2008)。つまり PC 政府は、教員管理政策や州統一カリキュラムの策定、州統一学力テストの実施を通して教育現場に対する統制を強化したが、他方で教育予算の大幅なカットを行っていたのであり、「口は出すが金はださない」といういわゆる新保守主義思想に基づく教育改革を行ったのである。

　PC 政権によるこれら一連の行財政改革は、1999 年の州議会選挙においてその是非が問われることとなったのであるが、ここで PC 政府による改革戦略の第二のポイントが現れる。すなわち、「教育の質を改善する」という名の下に教員に対する管理を強め、世論の支持を得ようとする選挙戦略である。たとえば、ギャラップ調査によると、オンタリオ州民の 61％が同州の教育に不満をもっているということが報じられていた(Gidney, 1999)が、こうした状況を利用する形で PC は、同州の教育制度には差し迫った改革の必要性があると主張し、世論の支持を得ようとした。そこでは、同州の教育制度は壊れてしまっており、中途半端な成果しか挙げていないこと、そのため緊急な改革が必要なこと、学校のレ

ベルが下がってしまったのは教員のせいであることなどを主張する新聞広告が掲載された(Larsen, 2009)。テレビCMでは、教員は給料をもらい過ぎのわりに給料に見合った働きをしていないと喧伝した(Levin, 2008)。つまりPCは、メディアを使って教員や教員組合を後ろ向きで利己的であり、子どもの教育的失敗に対する責任があるとして、悪者扱いしたのである(Larsen, 2009)。その上で野党であるNDPや自由党支持層(教員組合含む)からの猛烈な反発があるであろうが、それを上回る世論の支持を得られると予想し、OTQTやPLPを含む教員管理強化政策を選挙公約に盛り込む形で選挙戦に臨み、勝利することとなった。つまり、PCの選挙戦略が功を奏する形となった。

　その後2003年の州議会選挙では自由党が政権を奪取することになった。自由党政府は政権発足直後から、PC政府が行った教員管理強化政策を修正ないし廃止することになるが、ジェラード・ケネディ(Gerard Kennedy)教育相(当時)がPLP廃止に伴って出した談話の中に、PC政府による教員管理政策の意図を読み取ることができる。すなわちケネディ教育相は、PC政府による一連の教員管理強化政策を「古い政治的分断(the old politics of division)」であると指摘した。つまり、PCは「教育危機」を引き起こしたのは教員であると主張して教員を攻撃することによってこれをスケープゴート化して世論と教員を分断し、世論の支持を得ようとした、ということである。他方でガッピ―＆デイビース(Guppy & Davies, 1999)は、過去数十年の教育に関する世論の動向を調査し、確かに教育に対する世論の信頼度は徐々に低下する傾向にあるが、だから現在の教育が危機にあるという短絡的な結論を出すことに警鐘を鳴らす。すなわち、「教育」に対する信頼低下と、「学校教育」に対する信頼低下はイコールではないこと、「実践」に対する信頼低下なのか「制度」に対するそれ(つまり、個々の教員の力量に必ずしも原因がない)なのか見極める必要があること、移民の流入等による社会状況の変化による影響、大衆の高学歴化が教育への高期待を生み、それが少しでも満たされないと信頼低下に結びつきやすいこと、不安定な時代背景の中で保護者が過度に学校教育

に期待を寄せる傾向にあることの裏返しとして信頼が低下している可能性など、関係する様々な要素との関連の中で数字を解釈する必要があると主張している。また、いわゆる新右翼的思想をもった政治家や宗教的原理主義者が自らの政治的意図を達成するために、こういった数字を利用する可能性についても示唆している。そのような中でラーセン（Larsen, 2009）は、当時の政府の選挙戦略の中心にあったのは「危機をでっちあげる（invent a crisis）」ことであったと指摘している。また教員を分断する更なる手段として、PC政府は教員組合から校長を脱退させることによって、校内での分断体制もつくろうとしていた。これらから言えることは、PCは教員に対する管理を強めることにより世論の支持を集め、次回選挙に勝つことを目的としていたという意味で、かなり直接的にこれを政治利用していた（Glassford, 2005）ということが言えよう。

（2）　自由党政府の教育改革

　PC政府のこうした教員及び教員組合排除の政策アプローチに対し、自由党政府は教員組合を含むできるだけ多くの利益集団との広範な協議的アプローチを採用した。たとえば自由党政府は2004年に入って、生徒[7]や教員、保護者、教育委員、教育長、指導主事、校長といった教育に関する様々な利益集団の代表をメンバーとした「教育パートナーシップテーブル（the Education Partnership Table）」を立ち上げ、政策立案過程において幅広い意見を反映させようとしている（Glassford & Salinitri, 2007）。また2006年には、教員組合、教育委員会、政府をテーブルの同じ側につけ、どのようにして教育を改善するのかについて合意を形成するための「生徒の成功協議会（Student Success Commission）」を創設した（OME, 2006; Glassford & Salinitri, 2007）。他方で、こういった協働的政策立案過程においては、すべての事項について完全な合意が形成されていたわけではない。たとえば、OECTA（オンタリオ州英語・カトリック系教員組合）はNTIPについて大枠では賛成していたが、NTIPのメンタリングについて、これが新任教員にとって義務であることや、評価や資格につながる形で導入

することについては反対していた (OECTA, 2005; Glassford & Salinitri, 2007)。あるいは筆者が 2006 年に ETFO (オンタリオ州小学校教員組合) 所属の教員に行ったインタビューでは、ETFO は州統一の学力テストや TPA には依然反対している旨述べていた[8]。つまり、意見が異なるから排除するという単純な考えではなく、意見が異なることは前提として、それでも当事者間でどうにか合意を形成して、合意した以上は協働して改革を進めていくという、いわば「小異を残して大同につく」という態度で改革に臨んでいるということが指摘されよう。

また、教員の力量を高め、もって教育の質を改善しようとするとき、PC 政府が教員への管理統制を強めたのに対し、自由党政府はサポートの充実を図った。それは、個々の教員の能力の違いを無視し、すべてに網をかける形で導入されたがために、PC 政府の教育改革政策の中で最も教員に不人気であった PLP を早々に廃止したこと、自由党政府による TPA 改革においては教員歴の長短によりその運用を大幅に変更したこと、PC 政府による OTQT が教職志望者に対する大きなプレッシャーとなった (Portelli, Solomon & Mujawamariya, 2003) のに対し、自由党はこれに代わる形で新任教員をサポートするために NTIP を導入したことなどから、明確に表れている。

こういった自由党政府による改革の成果として、OCT (2010) は教員の退職数について、政権交代が起きた 2003 年を境に大きな変化が生じたと指摘している。すなわち、PC 政権下の 1998 年から 2002 年の 5 年間に退職した公費学校の教員数は年平均で 7,200 人であった。退職教員に占める早期退職者の割合は不明であるが、たとえば 1998 年度の公費学校の教員数が 116,462 人であり (OME, 2000)、これに年平均退職者数である 7,200 人を当てはめると、その割合は約 6 ％ になる。全教員の 6 ％ が同じ年に定年により自然退職するとは考えにくいため、相当数の早期退職者が存在することがわかる。他方で自由党が政権を取った後、例えば 2005 年から 2009 年の 5 年間に退職した教員数は年平均 4,600 人であり、1998 年から 2002 年の 5 年間と単純に比較して 2,600 人減少してい

る。しかし 1998 年から 2002 年の間の年平均新任教員数が 9,000 人であったのに対し、2005 年から 2009 年では 12,200 人と、後者の方が退職者数が少ないにも関わらず新任教員は多いということになる(OCT, 2010)。レビン(Levin, 2008)も、自由党の政権奪取後、着任後数年で退職する若手教員の割合が劇的に減少していること、そのため過去数年はオンタリオ州は教員不足に悩まされていたが、現在では余剰すらあることを指摘している。それは上述の通り、早期退職率の高さが PLP の廃止や NTIP の制度化の一つの原因だったこととも合致する。つまり、PC 政府が教員増ではなく授業時数の増加と準備時間の減少により学級規模を縮小しようとしていた(つまり、教員の負担が増大することになる)のに対して、自由党政府のダルトン・マギンティ(Dalton McGuinty)州首相は政権奪取後、教員数を増加させることによってストレートに学級規模の縮小を目指す(つまり、教員の負担が減少することになる)ことを公言した(坂本、2005)が、上述の数字はこれを裏付けることになる。こういった状況の中でレビン(Levin, 2008)は、教員のやる気は高まっており、各種の教員の職務に関する満足度調査においても肯定的な回答を寄せる教員が増えていることを指摘している。

また、子どもの学力を構成する要素は多様であり、直接的にこれを教員の職場環境の良し悪しに関連させることについては抑制的でなければならないが、レビン(Levin, 2008)は過去 4 年間で州統一学力テストにおいて州基準に達した子どもの割合が 54%から 64%に上がったこと、中等学校卒業率が 2003 年度には 68%だったものが 2006 年度には 75%に上がったことに言及して、自由党政府による教育改革の肯定的成果の例としている。中等学校卒業率については、州教育省 HP のマギンティ州首相のビデオメッセージにおいて、2010 年度には 81%になったことが近年の教育改革の成果として述べられている[9]。政権発足当初に掲げられた目標が 2008 年までの 5 年間で中等学校卒業率を 85%にすることであったこと(Levin, 2008)に鑑みると、目標が完全に達成されたわけではないが、それでも 7 年間で 13%向上したという事実は、評価に値する

だろう。

5．結論——管理統制の強化か、サポートの充実か？

　日本では臨時教育審議会以降、絶え間なく教育改革が行われてきており、その状況は「改革至上主義」(藤田、2006、275 頁)とも揶揄される。特に近年、直接的に教員の管理を強める改革が矢継ぎ早に行われてきた。たとえば、それまで国レベルでの法的根拠はなかったが、事実上学校運営に大きな影響力を有していた職員会議が、1998 年中央教育審議会 (以下、「中教審」)答申『今後の地方教育行政の在り方について』を受ける形でなされた 2000 年施行の学校教育法施行規則改正により、校長の「補助機関」として学校運営への影響力を減じる形で法制化された。当時の教育改革は 1990 年代以降進められていた地方分権改革の一環であり、その目的の 1 つとして「学校の裁量権限拡大」が挙げられていた。しかし、職員会議の補助機関化や同時に制度化された学校評議員の存在により、委譲された権限は「学校」ではなく「校長」に集中することとなった(平田、2007b)。このような中で東京都教育委員会は 2006 年に、職員会議での挙手や発言、採決を禁止する旨の通知を各校に出した。また 2000 年代に入ってから、各自治体で教員評価が行われるようになった。そこでは、職能成長のための情報提供というよりも、教員に対する管理強化の一手段としての側面が、実質的なレベルで強く出ている(笹川、2007)。2004 年には 10 年経験者研修が制度化された。2006 年に出された中教審答申『今後の教員養成・免許制度の在り方について』及び 2007 年の『教育基本法の改正を受けて緊急に必要とされる教育制度の改正について』においては教員免許更新制の導入が提言され、同年の教育職員免許法改正により 2009 年から実施されている。同じく 2007 年中教審答申『今後の教員給与の在り方について』では、能力に応じた給与体系が提言された。2007 年中教審答申『教育基本法の改正を受けて緊急に必要とされる教育制度の改正について』では、副校長・主幹教諭・指導教諭の設置が提言

され、同年の学校教育法改正によりこれが制度化され、学校運営組織を「重層構造」にすることが可能となった。これに対しては「教員間関係を階層化し、協働関係を損なうものである」という趣旨の批判が存在する（藤田他、2007 年）。このように、少なくとも民主党に政権交代する前の自民党政権時代には、ここ 10 数年を見ただけでも直接的に教員の身分や労働環境に関わる改革がこれだけ行われてきたのであり、学習指導要領の改訂など間接的に影響を及ぼす事項を加えると、おびただしい数の教員関連改革政策が実施されてきたことになる。しかしその多くについて、「教員のやる気が高まった」、「子どもの指導がしやすくなった」という声を聞くことは、残念ながらない。

　このように教員管理を強化することによって教育の成果を挙げようとする改革は、オンタリオ州における PC 政府の教育改革と軌を一にすると言えよう。しかし PC 政府による 8 年に及ぶ教育改革は、教員のやる気を低下させ、離職率を上げ、結果として政府が思い描くような成果を得ることができなかっただけでなく、学校現場に測り知れないダメージを与えた。つまり、あれ程次から次に教員管理を強める改革を行っている日本の教育改革が、さして成果を挙げていないという状況と、ある意味似ている。他方で、政権交代後、自由党政府は PC 政府とは正反対の改革を行った。すなわち、教員の自律性を認め、その意見を聞き、やる気を高めるための政策を次々に導入した。その結果として、教員の離職率は下がり、教員数は増加し、間接的ではあろうが高校卒業率や学力テストの結果が向上した。つまり、改革の実が上がっているのである。レビン（Levin, 2008）は、PC 政府のような「管理統制型」の教育改革が機能しない根拠を、次のように述べている。

　　　過去においてあまりに頻繁に教育改革が提案され実施されてきたが、それらは超人的努力を要求し、（当局により、括弧内筆者）課された目標がどれだけ恣意的で非合理的なものであっても、そうした目標を達成することに失敗した際の罰則を含むもので

あり、教員に背をむけるものであった。(中略)恐怖は子どもにとっても教員にとっても優れた成果をもたらすものではなく、また恐怖に基づいて運営される制度は持続可能なものとはならない。(p. 61-62)

　このように述べた上でレビンは、改革を成功に導く要素の1つとして、肯定的なアプローチを採ることによって、教員を含む関係者のモティベーションを高めることの重要性を指摘している。同様に、ハーグリーブス(Andy Hargreaves)＆フーラン(Michael Fullan)も、教育制度自体が、意思決定や教育目標設定への教員参加や教員がチームとしてリーダーシップを発揮することを推進し、教員間に協働文化を創り出すことを通して教員をエンパワーすることが重要であることを主張している(Hargreaves & Fullan, 1998)。つまり、自由党政府のこれまでの教育改革の成果は、排除の論理を採らず幅広く様々な利益集団から意見を聴取し、それらを教員のモティベーションや自律性、教員間や教員とその他関係者間の協働を高める方向性で集約し、もって教育の改善を図るという、いわば「自律協働型」の改革を進めてきたことの帰結といえよう。

　日本では長年にわたって管理統制型の教育改革が行われてきた。しかしそれが機能しないことは、ここ10数年の改革がもたらした結果を見れば一目瞭然であろう。カナダと日本の文化的差異には留意する必要はあるが、教職という職業が果たす社会的機能や使命、それを可能とする条件整備に、方向性としては大差はあるまい。政権交代は1つの大きな契機となり得る。教員に楽をさせろというのではない。教員がその力量を形成し、これを如何なく発揮するためにはどのような方向性の改革が必要なのか、管理統制の強化なのかサポートの充実なのか、オンタリオ州の事例は1つの示唆を与えてくれていると思われる。

【註】
1　政治的スタンスとしては、最も保守的なのがPCであり、NDPは社会民主主義、自由党はその中間に位置づけられる。

2　カナダでは、連邦・州双方において、議院内閣制を採用している。
3　隣国アメリカでは、州の行政機関の首長を州知事(Governor)と呼ぶが、カナダでは州首相と呼ぶ。ちなみに州についても、アメリカではステート(state)であるが、カナダではプロヴァンス(province)である。
4　『教職のための実践基準』は、自由党政権下で2006年に改正されているが、例えば「教育実践(Teaching Practice)」が「専門的実践(Professional Practice)」となったり、「リーダーシップとコミュニティづくり(Leadership and Community)」が「学習コミュニティにおけるリーダーシップ(Leadership in Learning Community)」となるなど、文言上の細かい変更はあるが、その含意はほぼ変わっていない。また、これら5つの基準及び細分化された16項目も、その数に変更はない。
5　ALP自体は評価年に当たるかどうかに関わりなく毎年作成することになっている。
6　バレット他(Barrett et al., 2009)は、初任者研修制度を次の2種類に分類する。すなわち、既存の教職や学校の現状により良く適応できるよう導くことを主眼とする「伝達モデル(transmission model)」と、現状を批判的に読み解いた上で改善するための能力を身につけられるよう働きかけることを主眼とする「変革モデル(transformative model)」である。その上で、論者にとっては変革モデルの方が好ましく思えるが、オンタリオ州のNTIPの「潜在的カリキュラム(hidden curriculum)」は「統一性」と「同化」であり、前者のモデルに該当するとして、批判的である。他方で、NTIPが筆記試験であるOTQTに代わる形で導入されたという点については、好意的に捉えている。
7　オンタリオ州では、特に中等学校の生徒の意見を教育行政に反映させるために、教育委員のうち数名を生徒から選任する「生徒教育委員(Student Trustees)制度」が導入されている。
8　2006年3月にETFOトロントオフィスにて実施された。担当者の氏名はプライバシー保護のためここでは特定しない。
9　http://www.edu.gov.on.ca/eng/ を参照されたい(2011年9月19日採取)。

【参考文献】
・岩崎美紀子(2002)『行政改革と財政再建——カナダはなぜ改革に成功したのか』御茶の水書房。
・坂本光代(2005)「オンタリオ州における教育改革の現状：自由党の課題」『カナダ教育研究』No.3、49－53頁。
・笹川力(2007)「教員評価で能力開発を果たせるのか」弘前大学教員養成学研究開発センター編『教員養成学研究』第4号、11－20頁。
・平田淳(2007a)「カナダ・オンタリオ州における子どもの学力向上政策－統一

カリキュラムと学力テストに焦点を当てて」大桃敏行他編『教育改革の国際比較』ミネルヴァ書房、94 － 110 頁。
- 平田淳(2007b)『「学校協議会」の教育効果に関する研究－「開かれた学校づくり」のエスノグラフィー』東信堂。
- 平田淳、成島美弥、坂本光代(2003)「『子どもを第一に考えよう』とオンタリオ州の新保守主義的教育改革」小林順子他編『21世紀にはばたくカナダの教育』カナダの教育 2、東信堂、63 － 92 頁。
- 藤田英典(2006)『義務教育を問いなおす』ちくま新書。
- 藤田英典他(2007)「Ⅲ　提言・私たちが求める教育改革とは」藤田英典編『誰のための「教育再生」か』岩波新書、187 － 212 頁。
- 山崎一樹(1997)「オンタリオ州における行財政改革と地方制度改革の動向について(一)」『地方自治』595 号、44 － 81 頁。
- Barrett, S. E. et al., (2009). The hidden curriculum of a teacher induction program: Ontario teacher educators' *perspectives, Canadian Journal of Education, 32* (4), 677-702.
- Gidney, R. D. (1999). *From Hope to Harris: The reshaping of Ontario's School.* Toronto: University of Toronto Press.
- Glassford, L. A. (2005). A triumph of politics over pedagogy?: The case of the Ontario Teacher Qualifying Test, 2000-2005. *Canadian Journal of Educational Administration and Policy, (45)* 1-21, Retrieved July 18, 2011, from the World Wide Web:http://umanitoba.ca/publications/cjeap/currentissues.html.
- Glassford, L. A. & Salinitri, G. (2007). Designing a successful new teacher induction program: An assessment of the Ontario experience, 2003-2006. *Canadian Journal of Educational Administration and Policy, (60),* Retrieved August 27, 2011, from the World Wide Web: http://www.umanitoba.ca/publications/cjeap/pdf_files/Glassford.Salinitri.pdf.
- Guppy, N. & Davies, S. (1999). Understanding Canadians' declining confidence in public education. *Canadian Journal of Education, 24* (3), 265-280.
- Hargreaves, A. & Fullan, M. (1998). *What's worth fighting for out there?* Ontario: Ontario Public School Teachers' Federation.
- Hellsten, L. M., et al. (2009). Teacher induction: Exploring beginning teacher mentorship. *Canadian Journal of Education, 32* (4), 703-733.
- Ingersoll, R. & Kralik, J. (2004). The impact of mentoring on teacher retention: What the research says. *Research Review,* Education Commission of the States. Retrieved August 28, 2011, from the World Wide Web: http://www.ecs.org/clearinghouse/50/36/5036.htm.
- Larsen, M. A. (2009). Stressful, hectic, daunting: A critical study of the Ontario teacher performance appraisal system. *Canadian Journal of Educational Administration and Policy, 95,* Retrieved August 4, 2011, from the World Wide Web: http://www.umanitoba.ca/

publications/cjeap/pdf_files/larsen.pdf.
- Levin, B. (2008). *How to change 5000 schools: A practical and positive approach for leading change at every level.* Cambridge, MA: Harvard Education Press.
- Moir, E. & Bloom, G. (2003). Fostering leadership through mentoring. *Educational Leadership, 60* (8), 58-60.
- Noel, S. (1997). Ontario's Tory revolution. In S. Noel (ed.), *Revolution at Queen's park (pp. 1-17).* Toronto: Lorimer.
- OCT. (2000). *Maintaining, ensuring and demonstrating competency in the teaching profession: A response to the request from the Minister of Education re a teacher testing program.* Toronto: OCT.
- OCT. (2003). *New teacher induction: Growing into the profession.* Toronto: OCT.
- OCT. (2010). *Transition to teachers 2010.* Toronto. OCT.
- OECTA. (2005). Successful mentoring is voluntary, non-evaluative. *OECTA Agenda.*
- OME. (2000). *Quick facts: Ontario schools 1998-1999.* Toronto: OME, Retrieved September 4, 2011, from the World Wide Web: http://www.edu.gov.on.ca/eng/general/elemsec/quickfacts/1998-99/quickFacts98-99.pdf.
- OME. (2002a). *Supporting teaching excellence: Teacher performance appraisal manual.* Toronto: OME.
- OME. (2002b). *Ontario teacher testing program: An overview.* Toronto: OME.
- OME. (2006). *Student success commission to focus on greater student achievement.* News Release. Retrieved June 2, 2006, from the World Wide Web: ogov.newswire.ca/ontario/GPOE/2006/05/29/c1925.html.（現在は削除）
- OME. (2010a). *Teacher performance appraisal: Technical requirements manual.* Toronto: OME.
- OME. (2010b). *New Teacher induction program: Induction elements manual.* Toronto: OME.
- Portelli, J. P., Solomon, R. P. & Mujawamariya, D. (2003). *A critical analysis of the Ontario Teacher Qualifying Test: Teacher candidates' perspectives (preliminary research report).* Unpublished manuscript. Retrieved July 19, 2011, from the World Wide Web: http://home.oise.utoronto.ca/~jportelli/OTQT_report.pdf.
- RCL. (1994). *For the love of learning.* Toronto: Queen's Printer for Ontario, Retrieved July 21, 2011, from the World Wide Web: http://www.edu.gov.on.ca/eng/general/abcs/rcom/full/royalcommission.pdf.

【附記】
　本章は、科学研究費補助金(若手研究(B)課題番号 19730484)の研究成果の一部である。

第2部　教育と地域社会

4　教育実践研究と地域
　　　　　　　　　　　　　　　　　　　　大坪　正一

5　平成10年代の学校教育の動向と社会教育行政の変質
　　　　　　　　　　　　　　　　　　　　佐藤　三三

6　子どもたちは学校外で何を学ぶのか
　　――子どもの社会教育について考える
　　　　　　　　　　　　　　　　　　　　深作　拓郎

7　生涯学習を拓く大学での学び
　　　　　　　　　　　　　　　　　　　　藤田　昇治

4　教育実践研究と地域

大坪　正一

はじめに

　教育の危機が叫ばれて久しいなかで、教育研究者が学問論に没頭しているほど、日本の教育をめぐる諸関係は平和的な状況にあるとは思えない。調査という手法を用いて実践の現場と関わりを持つ研究においては、なおさら実感されることである。ところが、教育アカデミズムの世界では、どうも現在の教育学は「混迷」しているらしい。

　広田照幸によると、その理由は、戦後の教育学が背負い込んでしまった学問的負債であるという。とくに「逆コース」以降の情勢において、多くの研究者が、国家主義的教育政策に対抗する教育運動という観点を重視し、運動の拡大や教育実践の組み替えにつながる研究に傾斜してきたことを問題視する。また、その運動は階級に基礎を置くものではなくて、国家教育対国民教育という対立図式を設定し、他の学問分野から自律した教育学固有の価値を基盤として、政治や経済に従属する教育政策を批判するという方策をとってきた。発達とか学習権とかいうような独自な概念を中心に研究を組み立てると、政治や経済から距離を置くことになり、他の分野との交流が不活発になる。さらには、ポストモダンの状況のなかで、このような普遍的な価値が揺らいでおり、何のために教育するのかという教育の外在的目的論を指し示す足場が崩れていると指摘する。結果として、教育学研究は閉鎖的なものとなり、隣接領域の学問と交流がうまくとれず、制度構築や現実政策への提言につながる実証的な研究や分析を発展させることができなかったと述べ、戦後教育学に対しての不信と批判を展開している(広田、2007)。

　教育社会学者である広田が、戦後教育学を批判するのは理解できる。

もともと教育社会学というものは、カントーデュルケイム問題(中内、1988)に代表されるように、教育的価値論の系譜をもつ伝統的教育学を批判するなかで登場してきたものだからである。しかし、それはあくまでも、教育の科学をめざすための学問論での論争点である。広田はどのような教育学が正しいのかという学問論を展開したわけではない。学問として混迷している教育学の問題というよりも、これまでの教育学者による教育研究の混迷を問題にしたものであるといえよう。

教育学と教育社会学は違ったものとして考えるのか、それとも、「総合的教育学」や「総合的人間学」として教育学を創出していこうという立場なのかによって、広田の批判の意味合いも変わってくるであろう。前者であれば、研究対象が違うということであり、政策決定過程から外れていって制度構築や現実政策の提言ができなかったからといっても、教育学の問題ではないことになる。それは教育社会学が独自に頑張れば済むことであるかもしれない。しかし、後者の立場に立つならば、教育社会学も教育学(諸科学)を構成する一部であるから、混迷に一役買っていることの自己批判も必要になってくるだろう。むしろ、それぞれの学問の独自の性質が、教育の科学に如何に貢献しうるかの検討の方が大事なのであって、教育研究における社会学の意義を位置づけることによって、混迷からの脱却を指し示せばよいことになる。

そうしてみると、この論文は、新自由主義思想の教育への浸透を許してしまった戦後教育学が、これまでのような規範創出力を失っていることを批判しているものである。広田も、政治的(運動的)効果と学問的意義との峻別が不十分だったと指摘しているように、批判の中心はこの点にある。とくに、1980―90年代のイデオロギー状況の変化＝ポストモダン論の台頭が、教育学の規範創出力を減殺したとも述べている(広田、2009)。しかし、ポストモダン論は近代の理念そのものを批判してきたが、それは現代を解釈して新しい理念や思想を提起しているのであって、その後の社会をどのようにつくりだしていこうかという実践や運動を目的としているものではない。問題は、なぜ現在の実践の理論が「混迷」して

いるのかということである。そうであるならば、それは学問論ではなくて実践論乃至は研究運動論ではないか。他の諸社会科学との対話や理論的足場の再構築も、同様の観点から出てくる課題であると考える。

本章では、地域と教育を結びつける研究の視点から、この問題を検討する1つのアプローチをしてみようと考える。批判を受けている①教育学の閉鎖性、②教育的価値への不信、③国民教育運動という戦略、の問題を地域との関連で検討し、教育研究が地域を通して深めなければならなかったものを追究する。そこから、新教育基本法成立など新自由主義的教育政策が進展する今日的状況のなかで、教育学の方向性を見いだそうとするものである。

1．教育学の閉鎖性と地域

(1) 教育学の固有の研究対象

教育学の目的は全一体としての「教育」を解明することであり、最終的には「教育とは何か」を追究する学問である。何のために「教育とは何か」が求められるのかといえば、それは現実の教育に矛盾があるときであり、その矛盾の中から新しい教育理論の建設が叫ばれるときである。教育研究の歴史は、常にこういった矛盾を相手にしていたのであり、研究者は教育現実に働きかける力が要求されていたのである。

戦後日本において、応用科学ではない独自の科学としての教育学の創出は、教育科学の成立の契機としての固有の研究対象をめぐる議論のなかで追究されてきた。教育学の理論的基盤が、他の学問分野から自律した教育的価値を中心とする枠組みを作ってきたといえるが、隣接の学問分野に対して、教育学が閉鎖的であるという批判は、研究対象である「教育」そのものがもつこの実践的性格に原因を持つのではないか。社会現象としての教育などという、あたかも研究者自身はその中に入っていないかのような「客観的」分析を許さないからである。

戦後教育改革の中で、教育をめぐる対立が最初に顕在化してきていた

のは、1950年代のサンフランシスコ体制成立後の時期であった。この時期は、戦後日本の「曲がり角」とか「逆コース」とかいわれていたが、そうした状況を反映して、教育史研究会、教育科学研究会、日本教育社会学会の三団体の間で、教育科学論争が展開された。この論争は、それぞれの団体を代表する形で、主として海後勝男、五十嵐顕、清水義弘の三者の論争を通して具体化されているが、問題の焦点は、「社会現象としての教育」と「実践としての教育」を対象として1つの教育科学が成立するか否かであった。そこでは、社会科学との関連をめぐって、教育の社会構造の解明を問題とした教育構造論争と、固有の研究対象をめぐる教育実践論争の2つの論点があったとされているが、今後の日本の教育現実に対応できる教育科学を確立していくための不可避な論争でもあったといえる。

　教育構造論争の成果としては、①教育を社会構成上の上部構造に位置づけたこと、②教育の物質的基盤として生産力＝生産関係の矛盾を措定したことがあげられるが（那須野、1974）、これは単に教育の社会的位置を明らかにしたことにとどまらず、「教育と社会」をめぐるその後の検討課題を提起している。土台＝上部構造に関連した人間と人間との社会関係、生産力＝生産関係に関連した物質的生産活動の過程などが、教育実践の過程に位置づけられたからである。この論争に対して清水は、「コップの中の嵐」「不毛の論争」と揶揄するにとどまった。教育の社会構成的・物質的基礎を問題にすることによって、社会現象としての教育の解明をはかろうとしたこの論争は、実証研究における教育実践把握の基礎構造を示すものであり、実践の恣意性を排除する上での史的唯物論からの積極的な問題提起であったが、教育社会学者である清水にとっては正確に受けとめられなかったといえる。

　教育実践論争では、「教育科学が人々によって志向される場合に、事実上、実践が何らかの特定の態度で問題にされているのではないか、そしてその意識いかんが対象に対する認識の上にそれぞれ特定のちがいをもたらすのではないか」ということ、すなわち「教育に対して科学を志向

する前にまず実践を問題にする必要はないか」(五十嵐、1956、12―13頁)と、最初に問題提起を行ったのは五十嵐である。教育の実践性への着目ということは、実践のもつ矛盾の中に、教育科学を拘束する対象としての教育の本質があるということである。その際五十嵐は、教育の本質は矛盾を観察することではなく、矛盾に働きかけて矛盾が人格を持った人間の成長の力となるように努力することにあるとみたのである。教育の矛盾は、人間の実践的な関係のなかに、すなわち階級関係のなかに実体としてあることを示し、日本社会の教育の総体を「公教育の現在」(一方で固有の教育実践、他方で教育政策とこれに対立する批判的運動)として、実践的性格において捉えようとしたのである。

これは対象による研究への拘束性を示しているが、同時に、固有の研究対象を示すことによって、実証研究への課題を提起したものと受けとめることができる。つまり、単なる実践の分析ではなくて、実在的な対象としての教育実践のなかに矛盾を見出すこと、その矛盾が教育の発展や個人の人格形成を進める過程を明らかにすることなど、実践における矛盾を(実証的に)分析することの課題を示したことである。

矛盾という動きを含んだ過程は、階級関係におかれた資本主義社会の教育実践の特殊性を示している。五十嵐は、疎外された体制のもとで人間形成をせざるをえないという関係のなかに、教育科学の自覚の根拠を見出しているが、規定された状態ではなく、発達しつつある動態として把握されることが要求されたといえる。教育と社会を発達論的に問う、あるいは発達の過程として実証する研究が求められたのである。教育構造論争はこの矛盾の基礎構造を問題とし、教育実践論争は対象としての矛盾そのものの実在性を明らかにしたことによって、地域での実証研究へと結びつけられるべきものであった。しかし、清水は教育実践を研究の対象に取り入れようとはしたが、その方法を明らかにはしなかった。(久冨、1982)その結果、日本の教育社会学が独自の方向を見出したのが、「存在の解明から予見に至る」という政策科学への道であり、教育実践やそれに基づく人間発達の概念を問題にすることからは遠ざかっていくこ

とになったのである。

（2） 教育の独立性

「逆コース」の時代とは、憲法＝教育基本法体制が「教育の55年体制」（井深、2000）へと転換させられようとした時代でもある。実践的場面では、平和教育運動、勤評・学テ反対運動、教研運動など、「国家教育」に対抗する教育運動が広がっていく時代でもあった。これらの運動がよりどころとしたのが、憲法＝教育基本法が示している教育理念であって、教育学研究はそれらを守るために、国家からの教育介入をはねのけ、教育の独立性を主張するようになっていった。これは一方では、独立性を確保するために、教育的価値を前面に打ち出して、他の政治や法律、社会関係などの介入を阻むという結果も生み出した。しかし、これは教育学研究の閉鎖性を作り出したのだろうか。

教育基本法10条では、「教育は不当な支配に服することなく国民全体に対し直接に責任を負って行われるべきものである。」とされており、それを保障するためには、教育委員会や管理職などの「上から」の締め付けを排除することが必要であった。そのための制度としては、教育における公権力の行使が「不当な支配」にならないようにするための原則が作られている。それは、教育行政は教育委員会のような教育行政機関で行い、教育は学校や公民館という教育機関が行うという原則である（奥田、2003）。

教育行政に対しては、①教育行政の地方分権、②教育行政の一般行政からの独立、③教育行政の民主化という3原則がうち立てられている。すなわち、憲法の地方自治の原則に照らして、国と地方公共団体は上下の関係ではなく対等の関係であるから、地方行政は国の行政から独立している。さらに地方の行政をみると、教育行政は一般行政の下請けではなく、そこからも独立している。教育行政が依拠するのは主権者である地域住民（国民）であって、教育委員の公選制に代表されるように、住民参加のなかで住民に直接責任を負って仕事をするということになる。

さらに、教育は教育行政からも独立するという形で、教育専門職制度の原則(教育のことは政治家や行政マンではなくて教育の専門家に委ねるということ)が打ち出されている。教員免許状という免許・資格制度をもっていることが教育専門職制度と呼ばれるものであるが、学校教育法第28条で学校教員の任務が示されているように、その基本は、教育専門職員としての教諭は、誰からも命令を受けることなく仕事をするということである。教員免許状をもっているということは、そういった形での仕事ができるというあかしでもある。

　専門職制度が成り立つためには、「専門職だからといって好き勝手にやられてはたまらない」という声に、きちんと応えられるための制度づくりが不可欠である。それは、教育専門職というものが、「全体の奉仕者」としての仕事のあり方に規定されることからくるものである。教育が「国民全体に対して直接責任を負って行われるべきもの」であるならば、地域住民の意見を十分聞きながら仕事をするというのが基本である。そのための制度として、住民の意見を直接反映させる制度の充実が図られねばならない。これがもう1つの教育の原則としてあった教育の住民自治原則である。教師の専門職性は地域と関わって初めて機能するのであり、教育の住民自治を生みだし、充実させようとする教員の営みこそが、自分の専門職性を守り発展させることができるのである。この2つの原則が、教師が専門職であり続けるためには重要な位置を占めている。

　逆に言えば、これらの原則が実現されないと、教師が「不当な支配」をはねのける力を持てない。憲法や教育基本法にどんな立派な理念や権利が書かれていても、それが実現できなければ全ては絵に描いた餅である。教育の独立性という独自の価値を守るためには、教育民主化や教育の住民自治という地域の民主主義の力が必要である。地域民主主義を実現していく実践が教育実践に結びつけられて、国家主義的教育政策に対抗する教育的理念も実現するのである。独立性をもとに理論を組み立てていったから教育学研究が閉鎖的になったのではなく、地域の位置づけを実践的に解明できていないという理論的問題と、それを実現しようとする

実践的問題があるということである。

（3） 教育固有の論理

　学習権や発達という概念は、普遍的な価値概念であるようにも見えるが、教育学研究がうち立ててきた固有の論理を基盤としている。教育の資本主義的性格がはっきりと再構成されてきた高度経済成長時代以降、経済や政治に従属した教育政策が展開されてきたが、前項で述べた教育の独立性を守るためには、教育固有の論理でとらえられたものを価値として導き出すことは有効性をもっていた。教育学研究は教育的価値を対峙させることによって、現実の教育政策を批判していったのである。

　戦後の教育学研究の歩みをみると、正確に言えば、教育固有の論理を基礎においた教育実践を推進したというよりも、固有の論理に基づけられた教育実践のなかで、教育的価値を探り出し深めていったという理解の方が当っているのかもしれない。例えば「子どもから」という児童中心主義から「人間発達」や「全面発達」の研究へ、教科書問題から「国民の教育権」や「学習権」の創出へ、地域の民主化から「地域の教育力」や「教育の住民自治」へと、教育固有の論理は教育的価値へと理論的に整備され創造されていったことなどである。これらは実践的状況下における運動から生み出されていったものであって、研究者が好き勝手に概念化したものではない。現実の社会のなかに、このような価値が求められ現出する客観的根拠があり、それらに依拠した実践を積み上げることによって承認されてきた歴史的概念でもある。教育固有の論理で運動を推進していったわけではないし、教育的価値は決して運動の手段として生み出されたわけではないのである。

　同時に、それらは教育行政学や教育社会学が追い求めていた教育の機能や社会的位置などではなく、教育の本質を求めていた教育学の立場が探り出したものである。教育の本質を「社会的機能の再分肢」（宮原誠一）のような社会機能主義的に捉えるのでもなく、「経験の改造」（John Dewy）とか「学習の指導」（勝田守一）というような個人的自由主義的に求めるの

ではなく、人格の発達を方向づけるものとして捉えようとしてきたからである。とくにマルクス主義教育学では、階級社会においては、教育を人間が人間の形成を占有・支配するという形における階級闘争の手段・形態として捉え、階級闘争のなかでの人格形成・発達の合法則性を明らかにすることによって、教育の過程の内的矛盾とその発展を追究するという研究を課題にしてきた。(矢川、1950)

広田が「教育固有の論理にとらわれて」と批判したカテゴリーは、固有ではなくて、階級闘争の脈絡のなかで現出してきたものであり、人格の形成や発達を主導するものとしての教育のあり方に関わるものである。その意味では、全ての社会科学に共通する概念でもあろう。いかにポストモダンといっても、現実の社会を階級社会として認めなかったり、階級闘争の存在を認めなかったりすることはできないはずである。重要なことは、そこで引き起こされている様々な問題を、階級や階級闘争の文脈で捉えようとするかどうかにある。戦後日本教育社会学史を批判的に検討した久冨善之は、この状況を教育社会学と教育学の間の「不幸な亀裂」と述べ、その背後には、現代社会認識をめぐる「史的唯物論と社会学」というテーマがあったことを率直に指摘している(久冨、1982)。

例えば、子どもの発達の社会的意義を追究してきた小川太郎が、「発達は決して子ども一般の発達としてあるのではなくて、階級社会では階級的規定を受けた発達としてある」(小川、1964、62頁)と結論づけたように、発達という個人的な問題であっても階級社会のあり方を無視することはできない。教育権や学習権などの人権についても、歴史的に人民が闘い取ってきたものであり(人類の多年にわたる自由獲得の努力の成果＝日本国憲法97条)、階級闘争の成果そのものである。

このような観点で地域を見るならば、地域もまた階級社会の具体的な現れであり、現実の地域はロマンチックな響きをもつ非政治的な市民文化として存在しているのではなく、対立・闘争の中に存在している。教育学において、地域は教育的価値として位置づけられた。すなわち、人間は対立の中にある地域によって規定されつつも、同時にそれを学びと

ることによって新しい人間的な諸能力・諸経験を作り出し、環境をより豊かなものに作り上げていく。これは人間発達と地域の弁証法的な関係であり、人間人格を「規定される」という状態で見るのではなく、変革の主体としても捉えなければならないという根拠にもなっている。その際地域は、変革の対象としても意識されることとなるので、単なる教育実践の場としてだけではなく、発達を突き動かす原動力としての側面を兼ね備えたものとして登場してくる。

　ここに教育学研究の1つの成果があるといえる。教育の実践的性格は、人間発達の条件や原動力に依拠しているということである。教育的価値に基づいて、人間を「発達しつつある」という動態において捉えようとする際に、地域は教育学的意義として現れてくるのであり、教育学研究に不可欠なものとして地域を位置づけることができるのである。地域で教育を捉えようとすれば、教育学は閉鎖的なものにはならない。

2．教育的価値と地域

（1）　教育制度改革と地域

　教育実践において、地域は重要な意義を持っていることは、誰もが指摘することである。とくに発達途上の青少年の教育をめぐっては、その人格を丸ごとつかむためには、学校の中だけで教育を考えることはできないのは常識である。よって、戦前の天皇制軍国主義教育であっても「教育は生活中心」であったし、戦後の新教育や高度経済成長期の地域に根ざす教育、近年の「生きる力」に至っても、常に問題とされていた事柄である。東日本大震災で、一瞬のうちに地域自体が崩壊するという状況のなかで、改めてその力を思い知らされたということや、逆に、地域を正面からとらえていなかった教育のむなしさを味わう経験なども、地域の意義を改めて問い直すきっかけであるのかもしれない。地域は教育的価値として正しく検討されていたのだろうか。

　地域がことさら強調されるようになってくるのは、教育改革の議論が

焦点となるときであった。戦後まもなくの「新教育」の運動は、軍国主義を排して地域の民主化という課題と結びついていたし、高度経済成長の時期は、地域開発＝工業化に即した人的能力開発が後期中等教育の多様化政策などによって展開されていた。低成長期の臨教審による教育改革も、産業構造改革が新たに必要としてきた人材育成を主たる目的とし、そのためには、企業社会と地域社会を貫く学習システムを作ること(生涯学習の体系化)が課題となっていた。

　このように、地域と教育の研究は、地域づくりに必要な能力開発であるとか、地域の人材活用や教育の住民自治など、教育政策や教育制度との関連において地域の意義を明らかにすることが中心であった。つまり、国家政策(地域づくり政策)と教育政策(担い手づくり政策)の関連を明らかにすることであった。近代日本の公教育の歴史は、地域を対象として展開してきた事実があるからである。近代国家にとって国民を政治的に統合することは重要な課題であり、地域住民の統合の手段として、政治権力だけではなく文化、宗教、イデオロギーなどが用いられるが、教育もまた重要なものとして位置づけられたのである。地域住民が国家を担う「国民」へと統合される過程の中で、近代公教育や社会教育が整備されていったといえる。地域や地域づくりが「人づくり」を要求し、地域政策が教育政策を伴わざるを得ないという矛盾の中で展開されたのが、日本の近代化の特徴であるということもできる。

　明治以来の近代化政策の一環としてあった地方改良運動や農山漁村経済更正運動などと同様に、戦後日本資本主義の展開も人づくり政策を伴わざるを得なかった。すでに用意された国の産業振興策に即した人材が、教育文化行政の再編を伴って養成され(期待される人間像、コミュニティリーダー、地域活性化の担い手、自己責任型人間など)、地域づくり政策を補完するという脈絡の中で、地域住民に対する教育の課題が提示され、地域の子育てに介入をはかってきたからである。

　すなわち、本来子育て(教育)は国家のものではなく人民(地域住民)のものであったが、市民社会が発達してくると、その外側に国家が形成さ

れ(市民社会と国家の分離)、逆に市民社会を管理するという構造が現れるようになる。そこから国家的公共性のイデオロギーが始まってくるのであるが、地域の子育てをめぐっても、私事的なものではなく公的な必要性が自覚されてくると(例えば質の高い工場労働者の大量生産など)、専門的な職業としての教育労働が組織化されることになる。さらに、その労働を管理するものとして教育制度が成立する。本来教育実践とは、学習者が自己教育主体になっていくことを援助する活動であるので、教育労働とは最終的には自己否定をめざす労働であるともいえるが、教育制度のなかでは、教育労働は管理するものの目的(例えば地域づくり政策など)に適合させられる労働となる。「教育制度は教育労働の疎外された形態」(鈴木、2003、132頁)であるという本質が現れてくるのである。

　こうして、教育研究における地域問題とは、教育制度と教育労働をめぐる地域問題としてとらえられた。このことは一方では、よりよい教育を実現するためにはどのような制度を実現していくべきかという、政策論や法律論として展開していくことになるが、どのような制度が実現されたとしても、それは教える側から位置づけられる価値であって、階級性とか党派性とかいわれる政治的、社会的文脈に収斂される価値である。このような「教える歴史」から導かれる価値は、教育的価値とは見なされないものである。

(2) 人間発達と地域

　しかし、「地域と教育」をめぐるもう1つの理論的研究は、地域の教育力とか人間形成機能とかいわれるような、人間発達に関わる地域の意義の検討、実態としての地域と教育(人間発達)を関連づける研究である。それは、人間がどのように成長・発達するのかという「学びの歴史」(福尾、1994)についての研究である。人間発達ということは教育的価値と置き換えてもよい概念であり、そこに関わる地域こそが、「価値としての地域」(森田、1976)の研究に当たるものである。

　価値としての地域が理論研究上の問題として立ち現れたのは、高度経

済成長の影響によって、それまで安定的に存在してきた地域が急速に変貌してきたこと、いわば、共同体の崩壊が叫ばれるようになってきた1960年代後半から70年代にいたる時期である。「地域と教育」を主たる研究テーマとしてきた教育社会学というよりも、むしろ教育学研究のなかで、教育的価値をとらえ直すという課題が意識されてきた。1974年に日本教育学会は、研究年報で「教育研究において地域をどう考えるか」という特集を組み、この問題の検討が呼びかけられた(教育学研究編集委員会、1974)。(教育学研究編集委員会名で同上のタイトルを持つ論文が掲載されたが、後に執筆したのは会長である大田堯であることが、本人の著作であきらかにされた(大田、1989))。

　問題の中心にあるのは、歴史的に地域共同体の発達させてきた教育力が衰退しつつあるという事態である。人間が種の持続の困難を乗り越える一つの機縁として文明というものを発達させてきたということ、家族の形成や共同体の形成もその仕組みの有機的一部であるのだが、今直面しているのはそれらの危機、ひいては種の持続の危機ということである。にもかかわらず、従来の教育学研究が、この教育力の解明に十分な力を発揮したとはいえないと述べている。その後、かなりの年月が流れ、高度経済成長が終焉し、低成長から世界同時不況―新自由主義的改革の時代を迎えているが、教育制度とではなく、教育と地域の関わりを検討する教育学研究はどの程度進展したのだろうか。

　教育学研究では、その後2つの側面で地域は問題にされてきた。第一は、「発達の条件としての地域」の研究＝地域の教育性についてである。これは、地域の持つ人間形成機能(形成力)と、実践の中で発揮される地域の教育力、両者の相互間連等が対象となった。地域とは人間形成に影響を与え、また、学校教育が成り立つ基盤であることから、外側から意図的、無意図的に関わるものの意義を解明することが課題となった。それぞれの地域における教育の構造を明らかにすることや、どのように規定されているかを実証することである。いわば、地域における教育というテーマで、地域がどのような教育的機能を持っているかを検討する研

究であると言い換えてもよいであろう。

　第二は、人間発達に内的に関わる「発達の原動力としての地域」＝教育の地域性についてである。そこでは少なくとも二種類の地域の意義が問題とされた。1つは、例えば「国家独占資本の意志の作用する圏域」（島崎、1978、38頁）というように、資本の蓄積構造とその地域的再編過程から把握された地域概念である。いわば「リージョンとしての地域」の意義である。地域とは、従来「都市と農村」といった枠組みで把握されていたように、農業と地場産業を結ぶ構造的な連関をもった実体としてとらえられてきたが、地域開発政策の中で変容・解体され、曖昧なものになってしまっている。地域開発政策は実体としての地域を無視し、資本にとっての投資戦略として新たな圏域を政策対象として設定することによって、地域概念を著しく機能的なものに作り出していったからである。つまり、「東北地方は食糧供給と巨大開発地域」（二全総）などと、上から指定・計画化された地域のことである。こうした機能としての地域概念の設定によって、都市と農村における本来インテグレートされてあるべき生活自体も機能的に分解され、国土の荒廃と「人間的解体」の地域問題をつくりだしていることが指摘されている。地域がリージョンとして設定されることを、上原専禄は「地域の地方化」と名付けた（上原、1963）。

　もう1つは、住民によって主体的に形成されるべき生活拠点として概念把握することであり、国民のための教育を作り出す文化拠点として地域をとらえていく課題、すなわち「コミュニティとしての地域」の意義であった。しかし、相対的に安定していた地域の共同体が変動していくという事態のなかで、コミュニティとしての地域は十分機能することができなくなってきている。住民自身の手によってもう一度作り直さなければならないという状況であり、各地で地域づくりや地域なおしといわれる諸活動や運動が叫ばれるようになっている。

　つまり、これら二種類の地域のあり方は、どちらにしても変革の対象となっていることである。リージョンとして設定されていること自体の変革、主体的に形成されるべき生活拠点をめぐる地域づくり、という二

重の課題が、人々のなかに関わってきているということである。地域づくりを学び、地域づくりを実践することによる諸個人の発達が、「地域と教育」研究の重要な課題となっていると考える(大坪、2007)。

　高度経済成長時代における地域開発政策も、新自由主義政策下の自己責任型地域づくり政策も、それぞれが教育政策を伴っていることは前に述べた。これらに対抗する規範構築は、まさに「政策的に進められる地域づくり」に対抗した「住民自治に依拠した地域づくり」を問題にすることであって、教育学がどのような規範を作り出すかというよりも、地域での具体的な運動と教育研究がどう結びついているのかが重要であろう。ポストモダン論は新自由主義をどのように批判し、どのような地域づくりを生み出していったのかが問われるのである。

（3）　学びの歴史と地域

　そもそも、教育実践において社会的なものが問題にされるのは、理想の教育を考えても現実には実現できないということがきっかけである。机上の空論ではなくて地に足がついた議論をするためには、社会と教育の関連を学ぶことが必要とされたからである。それは、人間が社会を創っているという当然なことを前提としているが、そこから人間中心の社会を考えることへと到達するためには、長い歴史が必要であった。人間の歴史では、宗教が支配したり暴力が支配したり、さらには人間が創りだしたものによって逆に支配されたりと、非人間的社会が長く続いているからである。それらを改めて人間的な社会を実現しようとする運動は、まだ始まったばかりといってもいいのかもしれない。

　その出発点となる人間的なものとは、「個人の尊厳」であったり「人権」であったりするわけであるが、それらは人間として生まれながらにもっているとされるならば、発達主体としての人間にはいくつかの特徴が示されている。「教育を通しての人間研究」を続けてきた大田堯は、人間について以下の特徴を指摘している。まず、人間はみんな違うということであり、よって、人間的な社会では違いを受け入れ合うことが求められ

るとする。次に、生き残るためには、種を支える存在としての可能性を持っているということである。可能性を持っているということは、自分が未熟で不完全だということを認めなければならないということであり、完全な人間による社会ではなくて、不完全性が主権者の資格であるとも述べている。さらには、そこから、人間は自ら変わることができる存在であるという特徴を指摘し、この点において、教育的価値が転換されねばならないと主張する(大田、2011)。

　すなわち、もともとeducationという意味は、一人一人の内面から能力を引き出すことであり、教えるという意味は弱いものであったように、教えて変わるのではなくて、人間には本来変わる力があるから、教えることでより変わることができる、と考えることである。教科書裁判の杉本判決にも示されているように、子どもが生来持っているのは学習権であり、それを保障するのが教育であるから、国民は保障させる権利を持っているということになる。学習権とは、自ら変わっていくことができるための保障であり、これを中心に教育実践を考えることが正しいとされたのである。(例えば、なぜ人を殺してはいけないのかという問題を取り上げてみると、人を殺すことによる解決は、憎悪や不幸が拡大する社会となってしまうことをどう考えるかである。そういう社会には住みたくはないとするならば、人を殺すという解決ではなくて、人は変わるという確信のもとに、未来を信じる力によって社会を変えていくことの重要性を、人間らしい社会を作ることにつながる教育は問題にするべきであろう。)

　この考え方からすれば、「人づくり」などと言って、教育によって人を変えようとすることは、自分を変えることができるための学習が十分に保障されない限り、実現はできないのである。ここに、「教育の力にまつ」といった教育基本法と、「理想を実現するため……教育を推進する」とした新教育基本法の根本的な違いを見出すのである。どのように立派な理念を持っていたとしても、上から教えて人間を変えようとする営み(教える歴史)からは、教育的価値などは生み出されない。

　教育的価値を生み出してきたのは、発達主体の側にある「学びの歴史」

である。教育的価値へのゆらぎや不信が現れているとすれば、それはポストモダンの時代といわれた現代における、「学びの歴史」に対するゆらぎや不信ということであろう。問題は、この時代における人々の「学びの広まりと深まり」を、どれだけリアルにつかまえることができるかということであろう。

　人々の学びの歴史は、民衆教育とか社会教育のなかで展開されてきたもので、制度化された教育というよりも、制度化の途上にある「非定形教育」や「不定形教育」(鈴木、1996)を示している。それらは労働、生活、子育ての必要から発生してきたものであり、地域の教育として存在してきたものである。その学びが広がり深まっていく歴史は、まさに民衆の学習運動の歴史である。日本の歴史を見れば、学習が権利として実現しない間は、この動きは社会運動の中に現れており、日本国憲法によって教育権や学習権が法的に明記された後は、権利を実質化し拡大する運動として取り組まれてきたものである。

　近年の新自由主義的教育改革のなかで、公教育の発展ではなくて縮小化が進んでいる状況があるが、それは国民の学習の組織や運動を縮小させているだけなのかどうか。学びの社会的条件や主体は縮小化されているのか。人間疎外に対抗し人間発達を保障させる運動は抑圧され消え去ろうとしているのか。さらには、個と社会の関連を深める思想、人権の思想、社会科学の思想、民主主義の思想、自然、社会、人間をトータルに捉える思想などの学びは深まっているのかどうか。それぞれは、時代の持つ困難のなかにあって、矛盾を反映したものとなっているとは考えられるが、押しつぶされたり消滅したりというような、歴史の教訓も学べないような弱いものではないはずである。今重要なのは、具体的な状況(地域)のなかで、それらの姿を実証的に明らかにしていく研究が必要だということであろう。もし、学習の運動が進んでいないとするならば、その運動発展の原動力を指し示すような研究となっているかどうかが、教育学に問われればいいと考える。

3．国民教育運動と地域

（1） 教育基本法の「改正」をめぐって

　日本国憲法に対して、「押しつけ憲法だから、日本人独自のものをつくるために改憲すべき」という意見が根強くあることは事実である。たまたま戦争に負けたからこの憲法が成立したという歴史があるからだが、敗北したのは日独伊ファシズムである。勝利した反ファシズム連合は、ファシズムを一掃する民主的社会をつくりだすために、国家改革を「押しつけ」たのである。イタリアは国民がパルチザンとして立ち上がり、ファシズムは倒された。ドイツではナチスが最後まで闘って、連合国に首都を占領されファシズムは完全に崩壊した。しかし、日本は勢力を温存して早めに降伏したことにより、戦争中の支配勢力が戦後まで残ってしまった。その結果、戦争犯罪人であったものが戦後に復権して総理大臣や社会の中枢を担うという、イタリアやドイツでは考えられないような事態が生じている。日本国民がファシズム勢力を打ち倒して、憲法を作ったわけではないのである。現憲法は「押しつけ」られたものであるが、同時に「押しつけ」ているものでもある。よって、「押しつけ」が弱いと、ファシズム勢力はいつでも復活する危険性はある。

　教育基本法の「改正」が、2006年にさしたる国民の議論もなしに通ってしまったということは、以上のことが関わっているともいえる。この背景には、日本資本主義の目指す方向が新たな教育政策（新自由主義的教育改革）を生み出したことがあるが、どのような制度を作り出したかよりも、どのような実践の中で新たな制度が作られたのかを検討することが重要である。いわば、国民の側の「押しつけ」としての実践の問題である。

　例えば、日本国憲法の改正をめぐって、教育の現場では以下のような声もある。「憲法9条を教えようとしたとき、戦争放棄とか軍隊をもたないとかいっても、現実とはかなり乖離している姿がある。自衛隊のあり方などは、憲法に則しては子どもに教えられないという問題がある。

戦後かなり長い間解釈改憲でやってきているし、歯止めがきいていない現状があるからだ。だからきちんと憲法を改正し、歯止めをかけることが必要である。なし崩しにやっている自衛隊派兵の方が、一番危険なのではないか……。」(2005年2月弘前大学憲法9条を守る会結成総会における元高校社会科教師の発言)

　この意見に代表されるような実践的問題に、どう答えていけばいいのだろうか。法律があるから社会が成り立っているのではなく、社会があるから法律を作っているというのが前提である。この場合の社会とは歴史の一断面のことであるから、法律は歴史の所産であり、完璧な「最高の」法律などというものはない。そうしてみると、社会学的に見て憲法と現実が一致したことなどは、過去の歴史を見てもどこにもあり得なかったというのが事実である。そこには、憲法を守らせようとしているのか変えようとしているのかという運動があるだけであり、現実と乖離しているかどうかは、守らせる運動と変えようとする運動との力関係で決まっていたのである。理念の問題というよりも実践的な問題である。

　基本的な問題は、誰が変えようとしているのか、誰が守ろうとしているのかということであり、それを客観的に学ぶとともに、自分はどちら側にいる人なのかを確認することが必要であると考える。憲法学習の課題とはまさにここにあり、そうすれば、「守れ」と答えた人は、今何をなすべきかという実践的課題が見えてくるのである。

　教育基本法を守ることができず、「改正」を許してしまったのは、この「押しつけ」方が弱かったためという実践的な問題である。「改正」に反対・賛成するどちらの側も、「教育の憲法」、「教育の根本法」という言い方をした。しかし、教育基本法本体は「条件整備基本法」である。前文に理念らしきものが述べられているのは、教育勅語との決別のために仕方なくつけたものである。民主主義の後進国であったために、憲法との整合性が述べられていただけであるし、「教育の憲法」などというものを持っている先進国はないであろう。よって、本来はその立場を貫いて、必要な条件整備を国に要求するべきだったし、整備しようとしない政権を批判

するのが、国民の第一義的な課題であったはずである。教育学だけではなく、教育行政学や教育社会学が、どのようにこの「改正」論議に関わったのかが問題とされるべきであろう。

　本来多数決にはなじまないものを、改憲勢力の意向に沿って多数決で決めてしまった結果、日本国憲法と切断され、教育目的が法定化されるなど、「教育の憲法」としての新教育基本法ができてしまった。さらに、教師が全体の奉仕者であるという規定（教育基本法9条）や教育は国民に直接責任を負うという規定（同10条）が削除されたことにより、教育の住民自治という地域と教育の根幹が、法律的にも否定されることになってしまった。この法律＝制度問題が、実は自分達の教育実践問題であるというとらえ方の弱さが、新自由主義的教育改革の進展を防げない大きな原因である。改正されたらどうなるかという、単なる教育の法律や制度解釈の問題としてではなく、そもそも教育法と国民（主権者）の関連を問うことが重要だということである。国家の力が強かったことや、政策提言ができなかったことではなくて、教育基本法に対する国民の無関心——あるいは「おまかせ民主主義」（佐高、1997）——が最大の問題であろう。

（2）　国民教育運動の主体

　以上のように、教育基本法「改正」に反対してきた運動は、正確に言えば、理念どおりに教育条件を整備するように為政者に押しつける運動であったといえる。このような教育運動は、戦後まもなくの新教育の運動をはじめ、高校全入運動、教科書裁判の運動、教育委員準公選運動など様々なものが存在し、現在でも30人学級を実現させる運動や私学助成拡大の運動など全国的規模で取り組まれているものも多い。これらは民主教育運動と呼ばれているのであるが、国民教育運動とはどこが違うものなのであろうか。必ずしも多くの国民に理解されているとは思えない。

　国民教育という概念は、国家教育に対応するものである。米日独占体といわれる支配層が、憲法＝教育基本法の理念である国民の教育権を踏

みにじる形で、国家の教育権を持ち出し、教科書検定や学習指導要領の法的拘束性、教育委員会の任命制などの政策を打ち出してきたのは、サンフランシスコ体制成立後の「逆コース」の時代からである。いわば、自己の階級的利益に役立てようと教育政策を転換してきたわけではあるが、これに対抗する運動は、労働者の階級教育として取り組むのでは狭すぎたのである。

　つまり、専制教育や国家主義的教育を部分的にでも改めさせ、民主的な教育を実現する制度的保障を勝ち取ることは、労働者階級だけではなく国民全体の問題である。階級対階級の闘争は、広範な国民の力を結集させていくことによって、国民運動として発展することができる。また、そうすることによってのみ、勝利の見通しも確かなものにすることができるからである。(『国民教育学』を著した矢川徳光は、日本国憲法によって守られている全ての人々、あるいは守られようとする人々を「国民」であるとし、現行憲法の精神を無視し、戦争合理化の方に改定することによって利益を上げようとする権力者達を「非国民」であると述べている(矢川、1957))。

　1957年に日教組が中心になって国民教育研究所を設立し(初代所長は歴史学者上原専禄)、その後各都道府県にも同様な研究所が設立されていった。同研究所では、試論として、国民教育とは、父母、民衆の国民としての自己形成過程と、それと直結する学校教育の2つを総体として名付けたものであると定義している(伊ヶ崎ら、1958)。民主主義教育の確立だけではなくて、それをさらに前進させる変革主体としての国民を形成することを課題としたものであるといえる。このように、国民教育は歴史的なカテゴリーであるため、民主教育と国民教育の概念は違ったものである。

　それは、近代資本主義社会での近代教育の発展の史的視野と、第二次世界大戦後の独立諸民族の国民教育——それは帝国主義植民地体制との闘争によって勝ち取られたものである——との実践的関連で把握されているということである(五十嵐は、国民教育を日本国内の民主主義教育運動のことだけではなく、教育学的に見れば、①古典的ブルジョア民族国家における

教育の発展段階であり、②反帝半植民地闘争において勝利した新しい独立国における現在の国民教育であるとする(五十嵐、1973)。そこには、サンフランシスコ体制後の、アメリカに従属し半独立状態となった日本が独立をめざす課題との関わりがある。現在においても、この状況は変わっておらず、独立の問題を棚にあげて「国旗・国歌」を論じたり、さらには「政策提言」などをすることは、教育問題を解決するためには根本的な運動にはならないであろう。

このように、国民教育という運動概念は、政治や経済と関わりを拒否した教育学独自の概念でもって組み立てられたものではない。たしかに、日本の国民教育運動の出発点は、戦後の教育現実に対する意識を反映した、戦後教育の支配的な性質に対する批判である。しかし、その批判は民主教育運動と結合することによって、教育の近代的発展の一形態としての、国民教育の資本主義的形態への批判と発展していくことが期待されていたものである。つまり、教育における国家権力の地位に関する中立性のイデオロギーとか、階級的不平等撤廃と関係なく概念されている教育機会の平等化に対する批判などである。問題は、運動の展開において、このような批判の発展(発達)が実現していったのかどうかにある。

この点を実証的に問う研究が、教育社会学の研究において必要だったと考えるが、国民教育研究所が閉所したのは日教組の分裂によるものであったように、それは教育学の閉鎖性にもとづく運動や、教育的価値を中心とした運動を展開したからではないことが理解されるであろう。民族民主統一戦線というような独立への課題どころか、その一段階前にある安保条約破棄の課題においても、国政や地方政治での統一戦線が実現できていないという問題が決定的である。政党間の関係や政治の問題を論ずる前に、市民の力量の問題(国民教育の主体形成)が重視されるべきであろう。国民教育ではなくて階級教育をやればそれができたとかいうのはかなり乱暴な意見だと思うが、そういう過程を実証的に明らかにしようとしないで、戦後教育学を否定するのはいささか早急すぎるといえよう。

例えば、周辺社会で地域と教育を考えていけば、開発政策のなかで大企業やそれにつながる政権政党の有力政治家による補助金政策などによって、「おまかせ民主主義」といわれる構造が生じている問題など、地域が苦しくなればなるほど国家に依存しようとする構造を問題にしなければならないだろう。原発の「安全神話」などもこの典型的な現れであるが、福島原発事故後においても、全国的には「脱原発」の動きが強まるなかで、立地地域の住民はますます原子力開発にしがみつくという意識などが報告されている（大坪、2011）。こうした構造を明らかにする研究に結びつけられないと、運動理念の評価は正しくできないものであろう。

（3） 教育実践と地域

　資本主義社会における地域は、伝統的な地域での結合や新しい連帯性を示す共同体的側面と、資本が包摂しようとする消費文化社会の側面をもっている。共同性が弱くなった地域に生きる現代の青少年は、消費文化社会にどっぷりと浸かって生活しているのが実情であろう。非行の集団が作られる上で、24時間営業の店や無法地帯といわれるインターネットなどが、大いに役割を果たしていると指摘されているが、同時に、いじめ、暴力、不登校、学力低下、などの教育問題は、そうした地域で行われている様々な状況とつながっているといえる。そうなってくると、もはや学校だけの力では問題解決が難しくなっているのは当然のことである。

　「親はなくとも子は育つ」ということわざがあるが、これには続きがある。何らかの原因で親が育てることができなかった子どもというのは、これまでの歴史の中で多数存在してきたし、現在もかなりのケースがある。それでも子どもが育ってきたのは、親にかわって親戚や近所の人々、あるいは社会保障という形で地方自治体や国の制度が子どもを育ててきた事実があるからである。つまり、「親はなくても子は育つが、社会（地域）がなければ育たない」ということである。戦争や災害などによって社会自体が破壊されている時代や、東日本大震災の事例が示しているよう

に、そういう環境にある子どもたちの姿を思うとき、このことわざのもっている子育ての本質的意義はますます重視されねばならないだろう。

こうした状況を反映して、「学校・家庭・地域の三者連携」とか「学社融合」などという地域を重視する教育政策が展開されてきたが、そのスローガンは支持されているとしても、実際どのくらいの力になっているかは、この間の実績が示しているとおりで、心許ないものである。地域の力などと簡単に述べてはみたものの、実際はコミュニティが機能していなかったり、自分の子どものことには必死になっても他人の子どもの問題には無関心で、そういうことは学校や教師におまかせしているだけという親が多く見られる。あるいは、親は教師の現状を理解しようともしないで要求を突きつけるだけ、教師はそういう親を「モンスター」呼ばわりするだけといった状況もあるだろう。公教育の縮小を方針とする新自由主義的改革は、こうした父母の教師批判と教師の父母批判に伴う、教育の住民自治に対する亀裂によって効力を発揮しているともいえよう。ほったらかしておいたらさぼるからと言って、教師に対する不信をあおる能力開発型の人事考課制度の登用は、教師批判の制度的反映であるかにも見えるが、実際は校長の学校経営に従属するものとしての教師を生み出しているにすぎない。

お互いが不平不満を言っているだけではなくて、親も教師も地域の人たちも、そして子ども自身も、そうした問題を解決できる力を、自分たちそれぞれが身につけていくことが必要であろう。連携とか「開かれた学校づくり」と言ったところで、ゼロやマイナスが集まっただけでは力にはならないからである。

自分の子どもだけという狭い見方ではなく、地域をよくしていこうという地域づくりの活動は、環境を整備することによって次の世代を育てるということにつながっているが、同時に、活動にかかわっている本人自身が成長するという二重の意味を持っている。地域住民がどのような教育の力を発達させているのか、またどのくらい賢く成長しているのかということは、地域づくりだけではなくて、青少年の成長発達を考える

上でも決定的である。自ら課題に取り組んで学習し成長し続けない大人が、子どもに勉強しろと言ったって効き目はないのである。

　以上のことは、子どもたちの先行世代としての教師にも当てはまるであろう。人間の不完全さはその原理からして疑う余地がないが、不完全な者は教育を必要とする。教師も教育されねばならない存在である。専門職としての教師は、孤立すると傷つきやすいし、住民自治が効力を発揮していないと形骸化してしまう。とするならば、教師こそ、その職業を通して、地域の力を意識的に発揮させるという任務が与えられているとも考えられる。どのような教育政策や制度が作られようとも、最終的に子どもたちと対応するのは一人一人の教師であるから、教師の教育実践のあり方如何が、現実の教育を動かしていることを自覚する必要があろう。

　教師をはじめとする地域住民が、「リージョンとしての地域」や「コミュニティとしての地域」の現状を具体的に理解し、地域づくり（地域なおし）の活動に参加していくなかで、新自由主義的教育改革に対抗できる地域の力を実現できるのである。そのためには、「変革対象としての地域」をどのような内容で理解し、自分のなかにどのような発達の原動力として取り込んでいくのかが、国民教育運動の主体として成長していく上で決定的である。

　他方、教育学は、政策提言をしたり政策批判をしたりすることが主目的ではないはずである。政策提言や批判は主権者である国民が行うべき課題であり、学者がやるのは、運動に対する理論的「専従者」の位置を与えられる場合もあるが、そうした国民の実践を推進するような理論の創造の方が重要である。教育によって「人づくり」ができると主張するような理論であったり、教育の弁証法を理解しようとしない理論であったりする場合に、教育学の「混迷」は引き起こされるのである。地域や地域づくりを通して、国民教育の主体を形成できるような教育を実践的に考えることによって、教育学は「混迷」から脱却する方向が見えてくるに違いない。

【参考文献】
- 伊ヶ崎暁生、海老原善治、深山正光、古川原、森田俊男(1958)「『下からの国民教育』の要求と展開」国民教育研究所編『国民教育研究所論稿1』国民教育研究所　116－123頁。
- 五十嵐顕(1956)「教育科学における実践の問題」『民主教育論』青木書店　12－55頁。
- 五十嵐顕(1973)『国家と教育』明治図書。
- 井深雄二(2000)『現代日本の教育改革』自治体研究社。
- 上原専禄(1963)「世界・日本の動向と国民教育」国民教育研究所編『国民教育研究所年報1963年度版』国民教育研究所　4－18頁。
- 大田堯(1989)『地域の中で教育を問う』新評論。
- 大田堯(2011)『かすかな光へと歩む　生きることと学ぶこと』一ツ橋書房。
- 大坪正一(2007)「地域づくりにおける人間発達の思想」大坪正一、内田真木編『地域形成の思想』アーバンプロ出版　187－209頁。
- 大坪正一(2011)「原子力開発地域での地域づくり学習」『弘前大学教育学部紀要』105号　31－46頁。
- 奥田泰弘(2003)「教育行政とは何か」奥田泰弘編『市民・子ども・教師のための教育行政学』中央大学出版部　1－10頁。
- 小川太郎(1964)「発達と教育」『教育科学入門』明治図書　40－70頁。
- 教育学研究編集委員会(1974)「教育研究において地域をどう考えるか」日本教育学会編『教育学研究』第14巻2号　1－2頁。
- 久冨善之(1982)「戦後日本教育社会学の批判的検討」矢川徳光、五十嵐顕、坂元忠芳、村山士郎編『講座現代教育学の理論1』青木書店　168－212頁。
- 佐高信(1997)『さらばおまかせ民主主義』岩波ブックレットNo.419。
- 島崎稔(1978)「戦後日本の都市と農村」島崎稔編『現代日本の都市と農村』大月書店　1－53頁。
- 鈴木敏正(1996)「地域社会教育の創造と不定形教育」日本社会教育学会編『現代社会教育の理念と法制』東洋館出版　102－110頁。
- 鈴木敏正(2003)『教育学をひらく』青木書店。
- 中内敏夫(1988)『教育学第一歩』岩波書店。
- 那須野隆一(1974)「国民教育と生涯教育」『現代と思想』No.17、青木書店　103－125頁。
- 広田照幸(2007)「教育学の混迷」『思想』2007年3月号、岩波書店　1－3頁。
- 広田照幸(2009)『ヒューマニティーズ教育学』岩波書店。
- 福尾武彦(1994)「今なぜ生涯学習の歴史か」福尾武彦、居村栄編『人々の学びの歴史　上』民衆社　13－34頁。

・森田俊男(1976)『地域に根ざす国民教育』民衆社。
・矢川徳光(1950)『ソビエト教育学の展開』春秋社。
・矢川徳光(1957)『国民教育学』明治図書。

5 平成10年代の学校教育の動向と社会教育行政の変質

佐藤 三三

はじめに

「世界トップレベルの義務教育の質の保証」をスローガンに掲げる一方で、「いわゆる『キレる』言動などの問題への対応の推進」や「問題を抱える子どもの自立支援や教育相談体制の充実」のための予算が計上され、「社会総がかりでの教育再生」が声高に叫ばれている学校教育に対し、社会教育行政はかつてない同調指向を示している。その社会教育行政の実態および背景と意味を、平成10年代の学校教育の動向との関係の検討を通して明らかにすることが、本章の課題である。

平成10年代は、市場主義的競争の徹底的導入による教育改革という点で、戦後の教育史上極めて特徴的な時代であったといっていいであろう。言葉は正確性を欠くが、戦後の学校教育は、「ゆとり教育」路線で始まり、「詰め込み教育」路線に移り、そして昭和47(1972)年、授業時間数の削減・「ゆとりの時間」の創設によって、再び「ゆとり教育」路線へと転換した。そして「ゆとり教育」の完成版として登場したのが『平成10年告示学習指導要領』であった。しかし、「告示」直後に学力低下論に火が付き、その元凶として昭和47年以来の「ゆとり教育」路線と『平成10年告示学習指導要領』[1]が批判の対象となっただけでなく、当該学習指導要領期間中の平成15(2003)年の暮れには「詰め込み教育」路線への事実上の転換が進むという[2]、非常に希有な事態が進行した。その背景には、世界同時不況の中で世界規模化した経済体制とその中で繰り広げられる世界大競争という世界史的時代状況が存在した。学力低下論は、グローバル化した経済競争から立ち後れていく日本に対する「不満の教育的表現」でもあった。戦後日本の教育を象徴した教育基本法の全面改定という大事が、

平成 18(2006)年に行われたのもこの文脈においてことである。

本章は、①『平成 10 年告示学習指導要領』、②教育の人間化・非競争主義的自己実現の視点、③教育の経済化・競争主義的自己実現の視点、④学校＝ケア・癒しの肥大化、⑤社会教育行政の「義務教育学校の補完化」、等を鍵概念としながら、平成 10 年代の社会教育行政の特徴を学校教育の動向との関係において明らかにし、かつ、冒頭に述べた問題に答えていこうと考えるものである。

1．『平成 10 年告示学習指導要領』の基本的性格

(1) 前史としての臨時教育審議会(1984 ～ 1987 年)

小泉首相の政治姿勢に象徴された市場主義的競争、いわゆる新自由主義への転換点は、1979 年のイギリスに、それまでの「ゆりかごから墓場まで」といった手厚い福祉国家政策を捨てて、小さな政府と自由主義経済市場への回帰を掲げたサッチャー(Margaret Thatcher)首相が誕生したときにある。次いで 1980 年にはアメリカに規制緩和を掲げたレーガン(Ronald Reagan)大統領、1982 年には日本に民間活力の導入を掲げた中曽根首相が登場する。グローバリズム、規制緩和、自己責任、市場主義、競争原理等々、高度に発達した資本主義経済の中にあって、あたかも資本主義の揺籃期の如く、弱肉強食の経済世界を意図的(政治的)に創り出そうとしている点で三者は共通していた。市場主義的競争の導入による現代日本の教育改革の起点は、世界的規模をもって用意されていたのであった。

昭和 57(1982)年、中曽根首相は、日本国有鉄道の民営化に着手する一方、昭和 59(1984)年 8 月には「21 世紀に向けての教育改革」のための臨時教育審議会(～昭和 62 年)を立ち上げ、第 1 次～ 4 次の答申を受け取った。臨時教育審議会の日本についての現状認識は、経済・社会における「成熟化」(「四次答申」)であった。経済的側面においては先進諸国に追いつき追い越したという自負(経済の成熟化)と生活の豊かさ(社会の成熟化)も掌

中にしたという意味においてのことであり、「一定の満足感」を表現したものであったともいえるであろう。課題は、これから先も、世界をリードする技術力や競争力そして生活の豊かさを維持することであった。臨時教育審議会は、その課題に対する教育的対応を審議するために設けられたものであり、その教育的解決策の一つとして「生涯学習体系への移行」を採用したのであった。

　そもそも生涯学習(教育)という学習・教育についてのアイディアは、昨日の自分より今日の自分といった自己自身の成長の問題として自己実現を捉えようとする絶対評価的な非競争主義的自己実現の視点(以下「教育の人間化・非競争主義的自己実現の視点」という)と他者との絶えざる競争に打ち勝つことに表現される相対評価的な競争主義的自己実現の視点(以下「教育の経済化・競争主義的自己実現の視点」という。)の二つの相異なる視点を同時的に内包している。後者についてさらにいえば、生涯学習というアイディアは、やり返しのきく社会(競争社会)と一体である。いつでもどこからでもやり返し(競争)ができるという保障があって、初めて人々はいつでも、どこでも学習へと動機づけられるからである。したがって、市場主義的競争の導入によって現代日本の教育改革の起点を形成しようとした中曽根首相と臨時教育審議会が、「生涯学習体系への移行」を取り上げたのは必然のことであった。だが、臨時教育審議会が設置されたこの時期は、未だ「バブル景気」に向かう時期にあって、経済の成熟化は順調であり、国を挙げて「物質的豊かさ」を謳歌し、さらに「心の豊かさ」の獲得にシフトすることを指向していた時であり、「教育の人間化・非競争主義的自己実現の視点」が「教育の経済化・競争主義的自己実現の視点」をはるかに凌いでいた時期であった。実際、第一次から第四次までの答申の内容は、「教育荒廃に象徴されるような様々な病理現象とその根本原因に思いを致しながら、将来に向けて、教育の世界にいきいきとした活力と創造性、豊かな人間性と心の触れ合いを回復することが重要である」という認識に立って、「教育に人間性を回復し、学校に本来の学校らしさを取り戻す」(「一次答申」)という「教育の人間化・非競争主義

的自己実現論の視点」が基調をなしていたのである。

(2) 理論的前提としての『平成8年中教審答申』

臨時教育審議会は、「教育の人間化・非競争主義的自己実現の視点」を強調する最終の「四次答申」を出して幕を閉じた。これを受けて平成元(1989)年に告示された学習指導要領は、学習意欲・関心・態度の育成を軸にした「新学力観」、即ち、生涯学習のアイディアの骨格をなす自己教育力の育成に係わる学力観を打ち出し、平成4(1992)年には、業者テストの廃止、生活科と月1回の学校週五日制の導入、高校における単位制の施行、家庭科の男女必修化等、生涯学習のアイディアに沿った一連の改革も進行した。さらに平成8(1996)年には臨時教育審議会の答申の趣旨に添いつつ、しかも二年後に告示される新学習指導要領・『平成10年告示学習指導要領』の理念を詳述した中央教育審議会(以下、「中教審」)第一次答申『21世紀を展望した我が国の教育の在り方について－子供に『生きる力』と『ゆとり』を－』(以下、『平成8年中教審答申』という。)が文部科学大臣に提出された。

『平成8年中教審答申』が鍵概念とした「生きる力」は、これまでもっぱら知的成長を問題にしてきた学校教育に対し、「人間の形成」こそが学校教育の本来の目的であるべきことを明確にした点に特徴がある。さらに『平成8年中教審答申』がいかに「教育の人間化・非競争主義的自己実現の視点」を強調する答申であったかについては、以下の主張からも極めて明確に読み取ることができるであろう。

○ 生涯学習社会を見据えつつ、学校ですべての教育を完結するという考え方を採らずに自ら学び、自ら考える力などの[生きる力]という生涯学習の基礎的な資質の育成を重視する。

○ [ゆとり]のある教育環境で[ゆとり]のある教育活動を展開する。そして子供たち一人一人が大切にされ、教員や仲間と楽しく学び相活動する中で、存在感や自己実現の喜びを実感しつつ[生きる力]を身につけていく。

○ 子供たちを一つの物差しではなく多元的な、多様な物差しで見、子供たち一人一人のよさや可能性を見いだし、それをのばすという視点を重視する。
○ 子供たちにとって共に学習する場であると同時に共に生活する場として［ゆとり］があり、高い機能を備えた教育環境を持つ。

（3）『平成10年告示学習指導要領』の基本的性格

「ゆとり教育」の側面だけがことさらに強調されている『平成10年告示学習指導要領』であるが、「生涯学習体系への移行」の側面からの考察も不可欠であると思う。昭和40(1965)年12月、第3回成人教育推進国際会議で生涯学習のアイディアが提案されて以降、社会教育に比べて受容が極めて緩慢であった学校教育に、生涯学習のアイディアを全面的に導入した学習指導要領として、あるいは、「ゆとり教育」を生涯学習のアイディアで再構成した学習指導要領として特記されるべきである。「新しい学習指導要領で学校は変わります。完全学校週5日制の下で［生きる力］をはぐくむ新しい学校教育を目指して」というキャッチコピーは[3]、「ゆとり教育」を表現しているというよりも生涯学習のアイディアを高らかに謳い上げたものと見た方が適切であろう。「生きる力」は生涯学習のアイディアの中核概念である「自己教育力」そのものであるし、「完全学校週5日制」は学校教育だけが教育ではなく、学校以外の多様な教育力と共にということであり、「教育は人間存在のあらゆる部門において行われるもの」（ラングラン、1967、p.78）という生涯学習の基本理念に則したものである。教育内容の削減・厳選は教育・学習の期間を生涯に分散することを前提にしてのことであり、教科の選択制の拡大は教育の個人化という生涯学習のアイディアに通ずるものである。

『平成10年告示学習指導要領』が生涯学習のアイディアに貫かれたものであるということは、それもまた「教育の人間化・非競争主義的自己実現の視点」と「教育の経済化・競争主義的自己実現の視点」という二つの視点を混在させているということでもある。しかしながら、『平成10

年告示学習指導要領』が根拠とした臨時教育審議会の諸答申や『平成8年中教審答申』に明白であったことからして、『平成10年告示学習指導要領』の基調もまた「教育の人間化・非競争主義的自己実現の視点」にあったといっていいであろう。

2.『平成10年告示学習指導要領』に対する社会教育行政の対応

（1） 児童・生徒と社会教育行政——歴史的概観と学社連携論

　戦前期の日本の社会教育行政は、児童・生徒の教育のほとんどを学校教育にゆだね、勤労青年・成人教育を中心に展開された。筆者は、別項において、わが国最初の社会教育論を「社会の形成力」改善的社会教育論と命名し、それが論として形を整えたのは明治20年前後のことであったことを明らかにした(佐藤、2008－2011)。当時、学校教育における徳育が問題となったが、徳育について「学校教育は其勢力極めて薄弱なるものなり」、「最も勢力ある者は、家庭教育を以て第一とし社会教育之に次ぎ」(細川、1877、7頁)という認識が支配的であった。ここにいう「社会教育」とは、「風俗」といわれるような大人の様々な言動が児童・生徒に与える影響(社会の形成力)のことである。それが児童・生徒の徳育に大きな影響を与えているから、大人の様々な言動(社会の形成力)を改善することによって、学校における徳育を補完しよう、というのがわが国の社会教育の起こりであった。即ち、わが国最初の社会教育論は、児童・生徒(学校教育)のための社会教育ではあるが、教育対象は大人であり、大人の指導を通して大人の生活を改善しようとするものであり、児童・生徒に直接働きかけるものではなかったことに注目する必要がある。

　日本最初の社会教育論が成人教育論として出発したことに加えて子どもの教育は学校でこと足りるという学校教育中心の教育観も根強かったことが、戦前期を通じて日本の社会教育行政が児童・生徒に余り関心を示すことがなかった理由と考えられる。

　戦後、昭和30年代に入ってようやく社会教育行政の目が児童・生徒

に向けられていくが、それは不良化防止対策や非行少年対策としてのことであった。「教育」の視点から社会教育行政が本格的に児童・生徒に関心を示すのは、昭和42(1967)年の社会教育審議会建議『少年団体の育成指導方針』以降、とりわけ昭和46(1971)年の社会教育審議会答申『急激な社会構造の変化に対処する社会教育の在り方について』を契機にしてのことであった[4]。生涯学習という新しい教育・学習論に理論的基盤を得て学校教育と社会教育の関係を「学社連携論」として確立させたのも同答申であった。「学社連携論」は、昭和49(1974)年の社会教育審議会建議『在学青少年に対する社会教育の在り方について－家庭教育、学校教育と社会教育との連携－』(以下、『建議』という。)によって確立する。『建議』によれば、学校教育と社会教育は、「学校で学んだ原理的な事柄を社会教育の場で実践し、また、社会教育で体験した実践的な事柄を学校教育を通じて更に体系的に深める」といったように、あるいはまた、社会教育にはとくに、「少年が家庭や学校環境の制約を離れて自ら考え決定し、実行するといういわば自己の力を試すことを通じてその自発性を育て、また、年齢の異なる仲間との集団活動を通じてその社会性を養う」ことを求めるなど、学校教育は知的なものを担い、社会教育は集団活動や体験活動によって自発性や社会性を養うことを担うなど、学校教育と社会教育は相補的ではあるが異なる教育目標を自らに課していた点に特徴があった。したがって、「学社連携論」は、一見、学校教育と社会教育の緊密な相互依存関係を連想させるが、「それぞれ独自の機能を発揮すればするほど、両者は疎遠になり、相互の溝を深くしていく」連携論であった(柴野、1989、225－226頁)。

（2）『平成10年告示学習指導要領』に対する社会教育行政の対応

『平成10年告示学習指導要領』に対する社会教育行政の対応は、学校教育が設定した教育目標＝生きる力を受容し共有したことによって、「学社連携論」の欠点を克服するものであった。

「生きる力」(1．自分で課題を見つけ、自ら学び、自ら考え、主体的に判断し、

行動し、よりよく問題を解決する資質や能力。2．他者とともに協調し、他者を思いやる心や感動する心など、豊かな人間性。3．たくましく生きるための健康や体力）[5]を鍵概念とした『平成8年中教審答申』の翌年の平成9 (1997) 年、文部科学大臣は生涯学習審議会に対しても、「『青少年の［生きる力］をはぐくむ地域社会の環境の充実方策』について」諮問した[6]。このことは、学校教育と社会教育が「生きる力」の育成という共通の目標をめぐってはじめて真の「車の両輪」の関係に入ったことを意味した。あるいはまた、学校教育は知育を中心としながら、社会教育は集団活動や体験的活動を中心としながら、即ち、双方の方法論及び内容論上の自立性・独自性を保持しながら「生きる力」の育成という同一の教育目標を共有した点で画期的なことであった。それを可能にしたのは、『平成10年告示学習指導要領』が、「従来学校教育というと知的な面の成長を中心としてきたが、学校教育の目標が人間づくりにあることをあらためて確認したからに他ならないであろう」（亀井、1998、2頁）。そしてこの「人間づくり」と自分で課題を見つけ、自ら学び、自ら考え、主体的に判断し、行動し、よりよく問題を解決する資質や能力という「生きる力」こそ、学校教育に比して部分的で非体系的ではあるが、社会教育が一貫して追及してきた目標であった。

3．学力低下論の真意

（1）　小泉内閣の登場と「構造改革」（規制緩和・競争原理）

「バブル」がはじけたのは平成2(1990)年である。このバブル崩壊の年から小泉内閣が登場する平成13(2001)年迄の10年間は「失われた10年」と呼ばれた。不良債権問題をはじめとして経済のグローバル化に対応できるような「構造改革」（規制緩和・競争原理）を進めることができなかったことを指してのことであり、いらだちを込めた言葉であった。

「失われた十年」を引き継ぎ、その克服を最重要課題として誕生した小泉内閣（平成13年－平成18年）は、「新自由主義」とも「超市場主義」ともい

われる考えの下で「改革無くして成長なし」のスローガンを掲げ、かつてない徹底した「構造改革」(規制緩和・競争原理)を推し進めた。郵政民営化、道路公団民営化、指定管理者制度の導入、労働者派遣の製造業への解禁、構造改革特区の指定等、様々な分野における大幅な規制緩和を実施した。また、「小さな政府」を求めて、教育・福祉・医療等といった本来競争になじまない分野にまで「構造改革」(規制緩和・競争原理)を推し進めた。その結果、ワーキングプア、ネットカフェ難民、下流社会、格差社会、派遣切り、派遣村といった負の側面を表す言葉が時代を象徴するようになったことは周知の事実である。いずれにしても、小泉内閣の登場が、『臨時教育審議会』・『平成8年中教審答申』・『平成10年告示学習指導要領』を貫いていた「教育の人間化・非競争主義的自己実現の視点」に代わって「教育の経済化・競争主義的自己実現の視点」を前面に押し出したことは明白なことであった。このような小泉内閣の姿勢は、教育基本法改正に向けての動きの中によりはっきりとかつ具体的に読み取ることができる。

(2) 教育基本法の改正と教育の経済化・競争主義的自己実現の視点
① 小渕、森内閣の「教育改革国民会議」

　平成12年(2000)年3月、小渕恵三首相の私的諮問機関として設置された「教育改革国民会議」は、教育基本法の改正をはじめて具体的に検討したことで注目されたが、その検討結果は、小渕首相の急逝を受けて新たに就任した森喜朗首相に、平成12年12月、『教育改革国民会議報告－教育を変える17の提案－』(以下、『報告』という。)として提出された。『報告』の基調は、「日本人は、世界でも有数の、長期の平和と物質的豊かさを享受することができるようになった」にもかかわらず、「日本の教育の荒廃は見過ごせないものがある。いじめ、不登校、校内暴力、学級崩壊、凶悪な青少年犯罪の続発など教育をめぐる現状は深刻であり、このままでは社会が立ちゆかなくなる危機に瀕している」、といったように、日本が直面している「教育問題」の中に問題を見出すことに主眼が向けられ

ていた。そしてそれらの教育問題を主として「道徳」教育を通して解決しようとする姿勢によって貫かれていたことに特徴があった。小渕首相と森首相の時点では、「教育の経済化・競争主義的自己実現の視点」はほとんど見られなかったのである。

② 小泉内閣の教育基本法改正の意図

　森内閣を引き継いで平成13年4月に誕生した小泉内閣（遠山文部科学大臣）は、同年11月、教育基本法の改正を具体的日程に載せるために中教審に対し、『1．教育振興基本計画について、2．新しい時代にふさわしい教育基本法の在り方について』を諮問した。諮問理由は、「世界規模の競争が激化する中」での「新しい時代にふさわしい人材の育成」についてであった。先の国民会議の『報告』とは基調が一変していること、そして小泉首相の政治姿勢が「教育や道徳」よりも「経済」にあったことを象徴しているであろう。2年後の平成15(2003)年3月に出された答申『新しい時代にふさわしい教育基本法と教育振興計画の在り方について』は、「世界の中の日本」「国際社会」「グローバル化」「国際競争」「大競争時代」「国境を越えた大競争時代」といった経済競争を強調する言葉を随所に登場させる内容となったのは当然であった。戦後の平和と民主主義を基本理念としてつくられ、半世紀余の戦後の日本教育の礎となり支柱となってきた教育基本法が、「教育の経済化・競争主義的自己実現の視点」を基本理念とするものへと大転換したのである。そしてまたグローバリズム、規制緩和、自己責任、市場主義、競争原理等々を意図的（政治的）につくりだすことによって資本主義経済の揺籃期のような弱肉強食の経済世界を再現し、高度に発達した資本主義経済の活性化を企図する超市場主義競争社会が日本の中にラディカルに創出されていく起点でもあった。

（3）学力低下論の真意

　学力低下論が噴出したのは、未だ「教育の人間化・非競争主義的自己実現の視点」が優位にあった平成11(1999)年のことである。「大学生の理数能力の低下」「大学受験から見た学力低下傾向」「学習時間の減少とその

階層差」等(市川伸一、2002)、当初にあっては『平成10年告示学習指導要領』に直接の原因を求めるものではなかったが、次第に「ゆとりの時間」を創設した1972年以降の学習指導要領がとってきた授業時間数及び教育内容の削減、即ち、「ゆとり教育」路線への批判がたかまっていった。そうした中、「教育の経済化・競争主義的自己実現の視点」の貫徹を目指す小泉内閣が登場したことは、学力低下論者を一層勇気づけることとなった。学力低下論は、グローバル(世界)化した経済競争から立ち後れていく日本に対する「不満の教育的表現」ともなっていったように思われる。

学力低下論のうねりは、早くも『平成10年告示学習指導要領』が完全実施された翌年の平成15年には、いわゆる「発展的内容」を加えて指導することを可能にする一部修正を同学習指導要領に加えさせた[7]。『平成10年告示学習指導要領』とは明らかに路線を異にする「詰め込み教育」への転換であった。「教育の人間化・非競争主義的自己実現の視点」から「教育の経済化・競争主義的自己実現の視点」への転換が、教育基本法のみならず学習指導要領の世界でも実現したのである。

これ以降、学校の自己評価の実施(平成14・2002年)、東京都品川区に象徴される「学校選択制」の導入(平成14年)、教育特区の認定(平成15・2003年)、全国学力・学習状況調査の実施(平成19・2007年)等、学校教育の中に「教育の経済化・競争主義的自己実現の視点」が浸透していった。とくに大学がその先行・先端事例となって義務教育学校への競争原理の導入を牽引した。大学審議会は、「競争的環境の中で個性輝く大学」[8]のスローガンを発して、大学間の国際的国内的競争をあおった。平成16(2004)年、国立大学は法人化され、「中期目標」の策定とその「評価」を受けることが義務づけられることによって、国立大学が「教育=学校」への競争原理の導入の牽引車となって今日に至っている[9]。

4．学校(教師・児童・生徒)の現在

(1) 安全と幸福な未来の保障の場としての学校の変質

　かつて、親たちは、我が子を休ませることなく学校に通わせたいと願った。高校にも大学にも通わせて、できる限り長期間にわたって学校という環境に子どもをおいてやることを願った。子ども達も友達や休み時間の楽しみを胸に抱きながら毎日の登校を楽しんだ。それは、学校が児童・生徒の安全と幸福と喜びのみならず、未来の人生を明るく保障してくれる場所であると、親も子もそして社会も信じていたからに他ならない。

　しかし今日の学校は、様相を一変させている。いじめ、校内暴力、不登校等が日常化・一般化し、学校は安全と幸福と喜びを保障する場所とはいいきれなくなった。また生産力の発展は、若者に働く場所を提供するどころか「奪う」ものへと転化した。ワーキング・プアといい派遣労働者といいフリーターといい、若者の多くは高校や大学を出ても安定した職業を得ることができずに浮遊している。学校はますます「明るい未来の席」をより少数の限られた者にしか用意できなくなっている。子ども達に安全と喜びと将来の幸せを約束するはずの学校は、今やそれとは反する状況で満ちみちている。

(2) 学校・教師の支え、応援団としての家族の弱体化

　戦後の日本は貧しさから立ち上がり、「一億総中流(豊かさの標準化)」を旗印にしながら経済発展を遂げてきた。しかし、今、豊かさの中で貧困が広がり、経済的な格差はもとより文化的・社会的な格差も含めて家族の多様化が進行し、家族の格差を反映した多様な児童・生徒によって教室が満たされるようなっている。それゆえ教師は、一層、「広く」「柔軟」かつ「繊細」な対応を求められ、神経をすり減らしている。またモンスター・ペアレントといわれるような学校・教師の支え、応援団としての家族とは全く逆の家族も登場し、「児童の教育をつかさどる」(学校教育法第

28条)べき教師は、本務以外のところで一段と神経をすり減らすようになっている。

　より根本的なことは、近代家族の変質・解体化である。生活苦による親子心中といった子殺しはかつても見られた。しかし親による幼児の虐待、ドメスティック・バイオレンス、さらには子が親や祖父母を殺めたり兄弟で殺しあったりなど、かつては余り見聞きすることの無かった近親者の間での暴力が、今では日常茶飯事のように起こっている。コミュニケーション能力の減退がもたらす人間関係の混乱(意思疎通の困難化)が「家族」に集中した結果であるといってもいいであろう。近代的家族は「愛」を結合原理とし、感情的依存の要求を満たし、支え合う心安らぐ場所と考えられてきた。そうした家族は、学校・教師にとって、教育活動を支え、励ましてくれる基盤であった。その基盤もまた崩れかけている。

(3)　学校におけるケア・癒しの肥大化

　平成21年の秋から暮れにかけて、「派遣切り」とか「派遣村」といった今まで聞いたことのない新しい言葉が忽然と現れ、我々を重苦しい気持ちにさせた。その根本的な解決策はといえば、「景気の回復」が求められるのが常である。経済のグローバル化はそれぞれの国内市場を食い尽くした資本主義が、世界・地球という新しい市場の開拓(食い尽くし)に乗り出したことを意味する。このことは、世界・地球という新しい市場の開拓(食い尽くし)を終えたならば、もはや発展(景気回復)の余地はなくなってしまうことを示している。近未来に必ず起こるであろう極めて簡明な事実であるのだが、我々は未だ「景気の回復」に代わるものを探り当ててはいない。

　今や競争は国内の企業間においてのことではなく、世界の企業間でのこととなった。日本国内の企業が国内外の企業との間で絶え間なく繰り返している合併の実態を見れば、如何に生き残り競争が世界を舞台に激化しているか一目瞭然であろう。この潮流に身を任せるとすれば、「教育の経済化・競争主義的自己実現の視点」の貫徹は不可避であり、子ど

もたちは、一層、経済の論理の、国と国の間のあるいは企業間の競争の手段にされていく。子どもたちは、高度経済成長期の日本の地域開発や国土開発のように、ぺんぺん草も生えないほどに開発し尽くされ、能力開発の単なる手段・材料におとしめられていってしまうことにもなりかねない。教師もまた、一層、知識教授のマシーン（機械）化を余儀なくされるであろう。しかも絶え間なく進化し続ける高性能な知識教授のマシーン（機械）としてである。児童生徒は、高度化した「知識」の受容に苦しむ。ついて行ける（楽しめる）者は少数で、多くの児童生徒は心身共に疲労困憊し、ドロップ・アウトする。教師はこうした児童・生徒を支え、再起を促す役目も負う。

　学校・教師の本来の役割は「知識教授」にあったはずである。しかし、今という時代は、これまでに倍して学校・教師に、「児童生徒のケア・癒しの役割」を強く求めるようになっている。養護教諭の量的・質的な充実はもとよりのことであるが、学校カウンセラーや学校ボランティアあるいは栄養教諭や司書教諭等の配置にみられるように、「児童生徒のケア・癒し」の側面を担う「多様な教師群」の配置が求められ、事実そういう方向に学校は動いている。

（４）「社会総がかりでの教育再生」－平成20年度文部科学省概算要求－
　「平成19年度文部科学省概算要求主要事項」（文部科学省、2007）は、「全国的な学力調査の実施」「国語力の育成、理数教育の充実など総合的な学力向上策の推進、小学校の英語教育の充実に向けた条件整備」などを軸に「世界トップレベルの義務教育の質の保障」をスローガンに掲げる一方で、「いわゆる『キレる』言動などの問題への対応の推進」や「問題を抱える子どもの自立支援や教育相談体制の充実」のための予算も計上している。ここにいう「世界トップレベルの義務教育の質の保障」とは、小泉内閣の登場とともに強化された「教育の経済化・競争主義的自己実現の視点」の具体化であり、「いわゆる『キレる』言動などの問題への対応の推進」はそれと裏腹な関係で生じている児童・生徒の問題行動の深刻化を表現

しているものである。また先に見た「安全と幸福な未来の保障の場としての学校の崩壊」や「学校・教師の支え、応援団としての家族の弱体化」、そして「学校におけるケア・癒しの肥大化」などが輻輳して生み出す諸問題は、「平成 20 年度文部科学省概算要求主要事項」が標榜するように、「社会総がかりでの教育再生」(文部科学省、2008)に頼らざるをえないほどに深刻化しているのである。

5．社会教育行政の変質──学校教育補完のための動員型社会教育行政へ

（1） 法改正から見た社会教育行政の重点

　平成 13 年、家庭教育の一層の支援と青少年の体験活動の機会提供を主内容とする社会教育法の改正が行われた。「学校教育との連携の確保に努めるとともに、家庭教育の向上に資することとなるよう必要な配慮をするものとする」(第 3 条の 2)ならびに「家庭教育に関する学習の機会を提供するための講座の開設及び集会の開催並びにこれらの奨励に関すること」(第 5 条の 7)の新設によって家庭教育に対する支援を強化するとともに、「青少年に対し社会体験活動、自然体験活動その他の体験活動の機会を提供する事業の実施およびその奨励」(第 5 条の 12)も新設した。これらは翌平成 14 年から実施される完全学校週五日制と『平成 10 年告示学習指導要領』、「生きる力」を鍵概念とした『1996・中教審答申』や『1999・生涯学習審議会答申』そして『全国子どもプラン(緊急 3 ケ年戦略)』等への社会教育法および社会教育行政上の対応であった。これ以降、社会教育行政は「対象者として『子ども』をクローズアップ」(小木、2008、29 頁) する傾向を顕著にするが、平成 18 年の教育基本法の改正が、「学校、家庭及び地域住民等の相互の関係協力－学校、家庭及び地域住民その他の関係者は、教育におけるそれぞれの役割と責任を自覚するとともに、相互の連携及び協力に努めるものとする」(第 13 条)を新設したことでさらに促進されることになった。社会教育法はそれを受けて、第 3 条「国及び地方公共団体の任務」第 3 項を「学校、家庭及び地域住民その他の関

係者」間の「連携及び協力」を一層強調する内容に変更し、同第5条「市町村の教育委員会の事務」に家庭教育関係の情報提供(7項)及び学齢児童・生徒を対象に放課後または休日に学習その他の活動の機会を提供すること(13項)を追加した。

このように平成10年代は、学校教育と家庭教育そして地域(父母住民の教育力と社会教育行政)という三者の連携を支えるための法的整備が一挙に進み、体系化された時代であった。

(2) 国・都道府県・市町村の社会教育予算から見た社会教育行政の重点

表5－1は、生涯学習政策局の平成20年度概算要求主要事項である。「学校支援地域本部(仮称)事業(新規)」を中核とする「地域の教育力の再生」と「放課後子どもプランの推進」といった学校教育(児童・生徒)をサポートする事業が大半を占めている。

表5－2は、青森県生涯学習課関係予算である。この資料は生涯学習政策局の予算では見ることの出来なかった平成10年代の経年的動向を検討することができる。全体を概観して指摘できることは、青年の家が平成18年度をもって廃館となり、少年自然の家も平成20(2008)年度をもって3館体制から2館体制になったこと、成人教育費、生涯学習費、総合社会教育センター費等の削減が著しいことなど、青森県生涯学習課関係予算の全体が縮小していることが明らかである。そうした中にあって、「青少年教育費」だけが大きく増加している。とくに平成14(2002)－平成15(2003)年と平成19(2007)年以降に大幅な増加が見られるが、前者は完全学校週5日制が実施された年であり、後者は、放課後子ども教室推進事業費が計上された年である。また平成20年以降「指導推進費」が急増しているのは、学校支援地域本部事業費がこの項目に計上されたためであり、平成21(2009)年の婦人家庭教育費の急増は「地域ぐるみで子どもを育む基盤整備事業費」が計上された結果である。自己教育力を育む青少年のための施設(青年の家・少年自然の家)が廃館になっている一方で、家庭教育の一層の推進を含めて地域ぐるみで学校(児童・生徒)を

表5－1　平成20年度文部科学省概算要求主要事項(生涯学習政策局)(単位：百万円)

分類	要求額	事項	
1．家庭の教育力の向上	2,569	＊地域における家庭教育支援基盤形成事業(新)	2,214
		＊家庭教育支援指導者養成標準カカリキュラム開発事業(新)	31
		＊子どもの生活リズム向上プロジェクト　等	324
2．地域の教育力の再生	12,305	＊学校支援地域本部(仮称)事業(新規)	9,981
		＊地域ボランティア活動支援センターの在り方に関する特査研究(新)	265
		＊「学び合い、支え合い」地域活性化推進事業	1,192
		＊NPOを核とした生涯学習活性化プロジェクト(新)等	867
3．放課後子どもプランの推進	9,924	＊放課後子ども教室推進事業	9,924
			48
			56
			10
4．教育改革に関する基本的な施策の推進	379	＊教育改革の総合的推進	
		＊中央教育審議会	265
		＊文部科学白書等の刊行	
		＊指定統計調査　等	520
			152
			768
5．生涯を通じた学習機会の拡大	2,618	＊専修学校教育重点支援プラン	
		＊専修学校・高等学校連携等職業教育推進プラン	1,178
		＊専修学校を活用した再チャレンジ支援推進事業	
		＊生涯学習の学習成果の評価等の在り方の調査研究(新)	65
			250
			168
6．情報通信技術を活用した教育学習の振興	483	＊デジタルテレビ活用モデル事業(新規)	
		＊メディアを通じた生涯学習コンテンツ普及事業(新)	
		＊情報通信技術を活用した先端的学習のための調査研究	
		(新)等	4,679
			8,702
			4,912
7．生涯学習政策局所轄所管機関	19,102	＊国立教育政策研究所	
		＊放送大学学園	809
		＊独立行政法人国立科学博物館	
		＊独立行政法人国立女性教育会館	
生涯学習政策局　計	47,380		

(www.mext.go.jp/b_menu/houdou/19/09/070903/005.pdf)

表5－2　青森県教育委員会生涯学習課関係予算概要（職員費を除く）（千円）

費目		1990年度	1995年度	2000年度	2001年度	2002年度	2003年度	2004年度	2005年度	2006年度	2007年度	2008年度	2009年度
生涯学習課	指導推進	62,210	57,570	17,125	15,326	19,100	25,928	15,803	23,112	19,445	15,094	71,155	96,696
	青少年	11,483	59,685	36,636	33,587	62,146	83,550	53,178	13,064	15,653	82,663	82,665	85,810
	婦人家庭	14,021	8,768	19,065	13,230	17,785	20,914	1,210	1,100	1,089	1,029	968	43,977
	成人	8,811	8,486	7,706	7,545	7,393	6,939	5,254	3,653	2,148	1,009	660	600
	生涯学習		34,270	74,343	80,077	7,251	12,375	9,144	8,979	8,082	5,445	5,248	4,353
総合社会教育センタ			204,367	174,065	167,615	214,230	188,264	157,980	134,667	137,742	117,880	107,428	109,420
青年の家		44,522	53,534	42,400	43,298	32,142	30,371	30,044	28,494				
少年自然の家		349,480	461,724	511,358	544,938	523,973	483,950	454,873	461,893	110,801	182,832	71,331	54,249
図書館		170,913	293,087	319,522	316,426	305,616	284,407	245,980	230,624	215,898	206,076	201,486	207,995

青森県教育委員会『青森県の社会教育行政』の各年度版より作成

1) 少年自然の家費は2005(平成17)年度までは職員費を含み、2006(平成18)年度からは職員費を除いた数字。
2) 少年自然の家費は、1995年度から2→3所体制になった。しかし、2008(平成20)年度から1所が廃所となり再び2所体制に戻った。
3) 総合社会教育センターは1991年(平成3)年度新設され事業開始。
4) 生涯学習推進費は1994(平成6)年度から計上。
5) 青年の家は2006(平成18)年度を以て廃所

支援するための父母・住民の活動の掘り起こしにかかわる経費、あるいは父母・住民の動員に重点をおいた青少年教育関係費用だけが突出して増加するという異様な現象を表5－2は明らかにしている。

　上記の傾向は　市町村レベルにおいてより鮮明な形で見ることができる。表5－3は、青森県黒石市の平成11年度と平成17年度の社会教育関係予算[10]を比較したものである。黒石市は人口37,000人（平成23年5月末現在）、津軽地方の政治・経済・文化の一翼を担っている。近年では、「こみせ」[11]によるまちづくりやB級グルメの「つゆ焼きそば」によるまちづくりによって全国各地から観光客が訪れるようになっている。また1小学校1公民館体制や地域づくり運動等、社会教育活動の盛んな市としても知られている。

　先に青森県の平成10年代の生涯学習課（社会教育）関係予算について、成人教育費、生涯学習費、総合社会教育センター費等の削減が著しいこ

表5-3 青森県黒石市教育委員会社会教育関係事業予算(単位:千円)

係	事業名等		予算額	係	事業名等		予算額
生涯学習係・女性係	市民大学講座		647	社会教育係	社会教育総務費		3,693
	生涯学習のまちづくり推進事業		946		社会教育指導員設置費		1,788
	家庭教育講座		516		成人教育費		482
	年輪の集い(中学2年・盛年式・実年式)		800		地域・家庭教育向上費		150
	素敵にステップアップ講座		693		IT講習事業費		308
	女性行動計画		714		小計		6,421
	男女共同参画社会づくり・女性フォーラム		10,005	青少年係	青少年対策費		19,020
	人件費(職員の人件費は除く)・補助金等		15,400	スポーツ係	保健体育総務費等		11,792
	小計		29,721	10公民館2地区センター費			74,693
青少年係	青少年対策費		12,407	ほるぷ子ども館			3,234
スポーツ係	保健体育総務費等		12,012	青少年相談センター			2,960
9公民館1地区センター費			92,696	計			118,120
ほるぷ子ども館			3,442	黒石市教育委員会『くろいしの社会教育』平成11年度・17年度版より作成。			
青少年相談センター			4,342				
計			145,118				

と、その中にあって青少年教育費だけが大きく増加していることを指摘したが、表5-3にみるように、黒石市においてその傾向は一層顕著である。第1に、「生涯学習係・女性係」の女性教育を中心とした成人教育費が2972万1000円から642万1000円(生涯学習係が社会教育係に名称変更し、女性係が消滅した)へと、およそ5分の1にまで減少していること。第2に、その結果、社会教育課の社会教育事業の内容が大幅に縮小されてしまったこと[12]。第3に、社会教育関係費全体そしてすべての事業項目の予算が減少している中にあって、青少年係の「青少年対策費」だけが増加していることである。

(3) 国の社会教育事業から見た社会教育行政の重点——学校教育補完のための動員型社会教育行政

社会教育行政がその関心を学校教育(児童・生徒)に集めていったきっかけは、先述したように、『平成8年中教審答申』と『平成10年告示学習指導要領』に基づいて学校教育が育てるべき学力を「生きる力」に移した

ことに呼応してのことであった。それに対する社会教育行政の当初の基本的スタンスは、『全国子どもプラン(緊急3ケ年戦略)』に代表されるように、「生きる力」を「仲間」「集団」「生活体験・自然体験」といった社会教育の内容と方法で、児童・生徒に直接働きかけて育てることであった。しかしながら、教育基本法が改正されて学校教育と家庭教育そして地域(父母住民の教育力と社会教育行政)の三者連携を支える法的整備が進んだ平成18年以降になると、国の社会教育行政の力点は、学校教育の補完のために父母・住民を組織化し動員することへと移っていった。

次に、平成10年代後半に展開された学校教育(児童・生徒)対象の社会教育事業の概要に注目しながら見てみよう。

① 『地域子ども教室推進事業』平成16年

この事業は、青少年の問題行動や地域や家庭の教育力の低下等の緊急的課題に対応し、子どもの居場所(活動拠点)を整備し、地域の大人の教育力を結集して、安全管理・活動アドバイザーとして配置し子どもたちの放課後や週末におけるスポーツや文化活動などの様々な体験活動や地域住民との交流活動等を支援するものである。この事業はもとより子どものための教育事業であることに違いはないが、「地域の大人の教育力の結集」や「地域住民との交流活動」も同時に重視した事業である。

② 『「学びあい支えあい」地域活性化推進事業』平成19年

この事業は、住民同士の「きずなづくり」を主たる目的に位置づけたものである。青少年の問題行動の深刻化や青少年による凶悪犯罪の増加の背景として、社会の急激な変化に伴う住民同士の連帯感の欠如や人間関係の希薄化等による地域教育力の低下が指摘されているが、それらの克服のために、ボランティア活動や家族参加の体験活動、地域の様々な課題等を解決する学習や活動などの取組を通じて、住民みずからお互いに学びあい支えあうことによって地域のきずなづくりを推進するものである。

③ 『学校支援を通じた地域の連帯感形成のための特別調査研究』平成19年

　この事業もまた、子どもたちの「知・徳・体」の向上に資することができるような社会づくりを、父母住民に求めるものである。社会生活に必要な「信頼」「規範意識」「相互理解」などを身に付けていない国民が増加し、地域の教育力も低下している現状に対して、地域の大人達が学校を支援する活動を通じて、地域の連帯感を形成するとともに、子どもたちとの交わりの中で、子ども達の「知・徳・体」の向上に資することができる社会づくりを進めるために必要な調査研究を行うものである。

④ 『みんなで支える学校みんなで育てる子ども－学校支援地域本部事業－』平成20年

　文部科学省・学校支援地域活性化委員会によれば、学校支援地域本部とは「社会がますます複雑多様化し、子どもを取り巻く環境も大きく変化する中で、学校が様々な課題を抱えているとともに、家庭や地域の教育力が低下し、学校に過剰な役割が求められるようになっている」今日、「学校の教育活動を支援するため、地域住民の学校支援ボランティアなどへの参加をコーディネートするもので、いわば"地域につくられた学校の応援団"」であるという。いみじくも「みんなで支える学校みんなで育てる子ども」という事業名に端的に表現されているように、まさしく学校(児童・生徒)のための父母住民の動員事業である。

　以上のように、平成10年代後半に展開された文部科学省の主な社会教育事業はそのほとんどが学校教育(児童・生徒)を対象としたものである。しかも、『学校支援地域本部事業』に代表されるように「父母・住民」がもっているあるいは潜在させている教育力を引き出し利用し活用する点に特徴がある。本章ではこれを「動員型社会教育行政」と呼びたいと思うが、平成10年代はわが国の社会教育行政がその傾向をかつてないほどに著しいものにした時代である。

おわりに

　本章におけるこれまでの検討は、社会教育行政そのものの全般的な衰退が顕著であること、その中にあって唯一学校教育(児童・生徒)対策と父母・住民を「地域の教育力」として動員する社会教育行政だけは隆盛であること、の2点を明らかにすることができたであろう。その背景として考えられることは、前者については政府や自治体の財政難が社会教育行政を直撃していることによるものである。後者については、本章の主題である「構造改革」(規制緩和・競争原理)を経済・産業・労働のみならず教育・福祉・医療等といった本来競争になじまない分野にまで導入した結果、前項で明らかにしたように学校教育が非常に深刻な事態に陥り、しかもその深刻な事態を学校・教師だけでは解決できないという現実と認識が一般化したことである。

　ところで表5－4は、平成10年代の青森県市町村教育委員会事務局の社会教育関係職員数を年次別に見たものである。平成20年の職員数は平成10年時の67％に落ちているのに加えて兼任職員の占める割合も16％から33％へと倍増しているなど、職員体制の脆弱化が著しい。ま

表5－4　青森県市町村教育委員会事務局の社会教育関係職員数(各年4月1日現在)(人)

		1998年	2003年	2008年
課長	専任	37	36	23
	兼任	29	32	20
社会教育主事	専任	58	40	25
	兼任	13	38	36
派遣社会教育主事		34	21	12
社会教育指導員		93	47	18
その他の職員	専任	205	188	150
	兼任	40	82	55
計		509	484	399

青森県教育委員会「青森県の社会教育行政」より作成。
「その他の職員」には、課長補佐、社会教育主事補
　事務職員、技術職員が含まれる。

た社会教育委員や公民館運営審議会委員などの市町村単位で設置されていた委員などは、町村合併によって市町村数が減少した(青森県の場合、67市町村から40市町村へ)のに対応して大幅に減少している。公民館等社会教育施設への指定管理者制度の導入も含めて社会教育行政を支える人的基盤があらゆる面において弱体化しているのである。一方、学校教育の現状といえば、「社会総がかりでの教育再生」を必要とするような危機的状況にあり、その「社会総がかりでの教育再生」の組織化の主体になり、活動の担い手になることが社会教育行政に求められた。しかし社会教育行政職員の弱体化が著しくその任にあたることができない。そこでとられた対策が、家庭教育の格段の重視や地域ぐるみで学校を支え、児童・生徒を育むための父母住民の活動の掘り起こしなど、父母や住民の動員に重点をおいた青少年教育関係事業への集中であったのである。

【註】
1 本章は主として義務教育学校を研究対象としているため、小・中学校の学習指導要領が告示された年度を採用した。
2 「学習指導要領に示していない内容」、いわゆる「発展的内容」を指導してもよいとする学習指導要領の一部改正(平成15年12月26日付)。
3 『平成10告示学習指導要領』の解説版として出された文部科学省パンフレット『新しい学習指導要領で学校は変わります』(平成14年4月)。
4 同年公立少年自然の家第1号の設置(青森県・梵珠少年自然の家、1971年)、社会教育局長通知『子どもの遊び場の確保について』(1973年)、社会教育審議会建議『在学青少年に対する社会教育の在り方について——家庭教育、学校教育と社会教育との連携』(1974年)、そして年国立少年自然の家第1号(1975年)へと続く。
5 註3と同様。
6 答申は平成11(1999)年『生活体験・自然体験が日本の子どもの心をはぐくむ—青少年の[生きる力]をはぐくむ地域社会の環境の充実方策について—』として文部科学大臣に提出された。また同答申に合わせて『全国子どもプラン(緊急3ケ年戦略)』(平成11～13年)も策定され、平成14(2002)年度から実施される完全学校週五日制にも対応した。
7 文部科学省「小学校、中学校、高等学校の学習指導要領の一部改正等につい

て(通知)」(平成 15 年 12 月 26 日)。
8 大学審議会『21 世紀の大学像と今後の改革方策について——競争的環境の中で個性輝く大学(答申)』(平成 10 年 10 月 26 日)。大学審議会は、臨時教育審議会の答申を受けて、昭和 62(1987)年 9 月に文部大臣の諮問機関として新設された。しかし、平成 13(2001)年の省庁再編に伴って中央教育審議会大学分科会に再編された。
9 国立大学法人法(平成 15 年 7 月 16 日法律第百十二号)
10 黒石市教育委員会『くろいしの社会教育』平成 11 年度、平成 17 年度。
11 「雨や雪を凌ぐことができるように、街路に面した家の軒先どうしがつながっていく歩行者のための空間」(北原啓司(2009)『まち育てのススメ』弘前大学出版会、15 頁)。
12 平成 11 年度事業は、「市民大学講座、生涯学習のまちづくり推進事業、家庭教育講座、年輪の集い(中学 2 年生の集い・盛年式・実年式)、素敵にステップアップ講座、女性行動計画、男女共同参画社会づくりモデル事業、女性フォーラム、社会教育指導員設置」であったのに対して、平成 17 年度は、「社会教育指導員設置、成人教育費、地域・家庭教育向上費、IT講習推進事業費」だけとなった。

【参考文献】
・市川伸一(2002)『学力低下論争』ちくま新書。
・小木美代子(2008)「子どもの社会教育に求められること」社会教育推進全国協議会『2008「改正」社会教育法・付帯決議をどう読むか』社全協ブックレット No 3、29 － 36 頁。
・亀井浩明(1998)「変わる学校」日本学校・家庭・地域教育研究会編『事例でよむ学校と家庭・地域』教育出版、2 － 6 頁。
・佐藤三三(2008)『社会教育は、なぜ社会教育と命名されたのか(その 1)』、弘前大学教育学部紀要、第 101 号、129 － 138 頁。
・佐藤三三(2009)『社会教育は、なぜ社会教育と命名されたのか(その 2)』、弘前大学教育学部紀要、第 102 号、133 － 140 頁。
・佐藤三三(2010)『社会教育は、なぜ社会教育と命名されたのか(その 3)』、弘前大学教育学部紀要、第 103 号、139 － 150 頁。
・佐藤三三(2010)『社会教育は、なぜ社会教育と命名されたのか(その 4)』、弘前大学教育学部紀要、第 104 号、111 － 119 頁。
・佐藤三三(2011)『社会教育は、なぜ社会教育と命名されたのか(その 5)』、弘前大学教育学部紀要、第 105 号、105 － 115 頁。
・柴野昌山(1989)「学校教育と社会教育－コミュニティ教育における統合的展開

－」森口兼二編『社会教育の本質と課題』松籟社、217 － 248 頁。
・細川兼太郎（1877）「社会教育の概目」『教育時論』73 号、7 頁。
・文部科学省（2007）『平成 19 年度概算要求・要望の概要― 1．初等中等教育の充実』 www.mext.go.jp/b_menu/houdou/18/08/06083104/002.htm(2011 年 9 月 1 日採取)。
・文部科学省 (2008)『平成 20 年度文部科学省概算要求主要事項』www.wext.go.jp/b_menu/houdou/19/09/070903/htm(2011 年 9 月 1 日採取)。
・ラングラン，P. 、波多野完治訳(1967)「生涯教育について」日本国内委員会『社会教育の新しい方向－ユネスコの国際会議を中心として－』日本ユネスコ国内委員会、75 － 101 頁。

6　子どもたちは学校外で何を学ぶのか
——子どもの社会教育について考える

深作　拓郎

はじめに——子どもたちの"今"

　約2年前、街中のファーストフード店の壁に向かって携帯型ゲーム機で遊んでいる小学生2人連れに遭遇した。「せっかく外にいるのだから、身体を動かして遊べば良いのに…」と我々大人は（私だけかもしれないが）つい思ってしまう。一緒にいた学生が彼らに声をかけると事情を話してくれたようで、後から学生の話を聞き先入観や大人の価値観で子どもと接していることを改めて思い知らされた。

　中学生や高校生に関わる機会がここ数年増えてきている。そこで気がかりなことは、自分の感情をなかなか表出しないということである。苦しみや哀しみだけではなく喜びや嬉しささえも。それに関連して、仲間をランキングしている場面に居合わせたこともあった。日本の子どもたちの自己肯定感や自尊心が低いことは、千石らの調査などから明らかになっている（千石他、2009）。偏差値・ランキング重視の社会の渦中に巻き込まれており、日々の生活においても心身を解放する機会が非常に少なくなってきており、あえて順位づけをすることで、その文脈に依存して対人関係や自己開拓の機会を埋もれさせるのではないだろうか。社会構造の変化による人間関係の変化は、子どもたちに、あえて自己を切り開いたりする機会への恐怖感を与えているのかもしれないと考えている。

　そのような状況でも群れたがる子どもたち。だからこそ、子どもたちの「遊び」のもつ意味が重要になってくると思われる。本章では、学校外における子どもが育つ姿について、「遊び」と「社会教育」いう観点から捉えていこうというものである。

1．子どもの成育空間の再構築の必要性

（1） 子どもの姿は「見ない？」「見えない？」

ここ10年ぐらいの間に、「子どもの姿を見なくなった」「見えなくなった」という声を聞く機会が増えている。少子化やテレビゲームの普及などによる遊びの孤立といったことが引き合いとして出されているが、果たしてそれだけなのだろうか。

日本には、伝承遊び・集団遊びというものがある。野外であれば、かくれんぼ・鬼ごっこ・缶けり・花いちもんめ・押しくらまんじゅう・かごめかごめ・石けり・竹馬などたくさん挙げられる。ここで着目しなければならないことは、誰が・どのように伝承していったのか…ということだ。

すなわち、これは、子どもだけの問題ではないということである。社会構造の変化が家族や地域の人間関係を変容させたのである。例えば、地域社会にある祭りや生産活動などを通して子どもと大人が交わる機会が多々あり、多くの事柄が伝承されていた。今日の日本は、都市・地方に関わらず、地域の人々が日常的に交わる機会が少なくなっているのである。先日とある講演会で妙齢の女性から「子どもがわからない」という発言があった。育児を終え孫育てもあと少しでひと段落するという彼女が言いたかったのは、子どもの生活している姿が見えてこないので、地域の活動でいざ子どもと関わろうとしても接点がないというのである。子どもと高齢者の接点が乏しくなったのもそれである。すなわち、「子どもを見なくなった」のではなくて、「交わる機会が少なくなった」というのが正しいと言えるだろう。

（2） それでも子どもたちは遊んでいる

大学で担当する講義の初回に半ばお遊びの質問をする。その時に必ず入れる項目が「子どもの頃のお気に入りの遊びは」。学生の答えのほぼ60〜70％が外遊びや伝承遊びを挙げてくる。大学生であることから「子

ども」という概念からはややずれるが、数年前までは高校生だった人たちだ。そこで見えてきたことは、意外と彼らなりに遊んでいるということである。さらにもう一つする質問が「今の子どもたちをどう思うか」。さまざまな意見が出されるが、こちらは「忙しそう」「時間に追われている」「大人びている」「ゲーム」が代表的な回答であり、これをみるとどちらかと言えばやや否定的というか既に世代間のズレがはじまっているようにも感じられる。

　一方で、卒業して保育や教育現場に出た教え子や現役の児童厚生員、学童保育の指導員さんからお話を伺う機会がよくあるが、そこで共通しているのは「自然発生的に集団で遊べない」という意見だ。例えば、体育館のような場所に初対面の子どもたちが集ったとしても、個々に遊ぶものの次第に輪が広がっていく…という光景は少ないというのである。シニアリーダーをしている大学生からは「携帯型のゲームに負けた〜」と白旗を出したというエピソードも聞いたこともある。

　子どもたち自身、恐らく集団で身体を動かして心身を開放することの楽しさは感じているはずであるが、それをあえてしないのはなぜだろうか。

（3）　ランキングに縛られる子どもたち

　日本の子どもたちの自己肯定感や自尊心が低いことは、さまざまな場面で取り上げられてきている。佐藤淑子(佐藤、2009年)や土井健郎(土井、2004年)、浜口恵俊(浜口、1988年)などでも取り上げられている。簡単に言えば、潜在的であろうと顕在的であろうと自尊心が高い方が、対人関係能力や知的好奇心も高まる。しかしながら、謙虚さが望ましい、「うち」と「そと」を上手く使い分ける能力を身につけさようとする日本の文化(しつけ)があり、甘えや自己主張は「うち」でと言われているが、実は子どもたちの遊びのなかでは、甘えも自己主張も自然に表出されている。それが無意識に発揮できるから面白いのであり、群れたがるのではないだろうかと考えられる。

最近、子どもたちが無意識に仲間をランキングしているというエピソード話を何度か耳にしており、偶然にもその場面に居合わせたこともあった。あえて順位づけすることで、その文脈に依存して対人関係や自分自身の自己開拓の機会を埋もれさせるのではないか。しいて言えば、社会構造の変化による人間関係の変化は、子どもたちはあえて自己を切り開いたりする機会への恐怖感を持ってしまっているのではないだろうかとも考えられる。

（4） 子どもと遊びを考える——大切にしたい視点

「月日は百代の過客にして、行かふ年も又旅人也」。松尾芭蕉の『奥の細道』の冒頭に登場してくる一文である。世の移り変わりの早さ、時間は無情にも過ぎ去ってしまうことを唱えている。年齢を重ねるごとに時間が経つのが早く感じるのは有名な話で、心理学では「ジャネーの法則」とも言われている。

現代の子どもたちも時間に追われ、ゆったりとした時を過ごせなくなっていることが明らかになっている。ベネッセ教育研究開発センターが行った『放課後の生活時間調査』によると、「忙しい小学生」の出現、「時間のセルフコントロール」の乏しさが一層顕著になったという調査結果が報告された。明石によると、中学受験やお稽古事は親の意思によるものが強く、早い段階から親の敷いたレールを走るという生活スタイルが身についているのではないかと分析している（明石、2009）。これまでも、集団で遊ぶことの重要性はさまざまな場面で唱えられてきており、正木は、身体を使った遊びの減少が、成長に偏りをもたらしていることを唱えている（正木、1979）[1]。さまざまな場面で、子どもの成長・発達において「3つの間」（時間・空間・仲間）が大切であることが提起され、危機感を持った大人たちがさまざまな手法を使って子どもたちの3つの間を保障すべく、「地域子ども会」「親子劇場」「スポーツ少年団」などさまざまな活動に取り組み、子どもたちの健やかな育ちを実現させたいと汗を流してきた。

しかし、残念ながら、大人が介入することで生じた問題点も指摘されている。増山均は大人が介入することで、子どもの自発性や自主性を損なう危険性があることをいち早く指摘した(増山、1989)。あえてキツイ言葉で記すと、子どもの遊びの世界にまで「大人のエゴ」が介在してしまっているということである。私たちが子ども期に持っていた子ども自身の時の流れ、子どもの世界をもっと大切にしていくことが何よりも必要なのではないだろうか。

そのためにも、私たちは子どもが持つ「内なる自然」に目を向けていくことが大切なのである。大人はどうしても「良かれと思って」ついつい口や手を出してしまうが、子どもにとっては、無駄なことや失敗することも遊びの一つであり、家に籠ってゲームばかりいるようでも仲間との交流はしっかりと行われていたりもする。喧嘩も人間関係を学ぶ上では必要な過程で、たとえ服を汚しても思いっきり身体を動かして心身を解放することは何よりも必要不可欠な要素なのである。「子どもの権利条約」の第31条にて提起されているように、大人と同じようにのんびりとしてリラックスすることも大切なのである。

時間・空間・仲間とともに子ども自身が創りあげる「内なる自然」「自治」を援助していくための眼差しとその支援の力量を高めることがわれわれ大人に一番求められているのではないかと考えている。

2．遊びの支援とは

(1) 遊びの支援とは

ピアジェやロジェ・カイヨワなどに代表されるように、子どもたちの成長・発達において「遊び」は重要な意味をもたらしている。心身の健やかな発達にもっとも大きな力となるからである。しかしながら、気忙しくて閉塞感漂う現代社会の渦中に巻き込まれている子どもたちは、日々の生活においても心身を解放する機会が非常に少なくなってきている。だからこそ、遊びの本質を踏まえ、その魅力や楽しさを子どもたちに伝

えること、そして子どもたちが十二分に心身を解放して遊べる環境を提供していくことが学校外の場面、とりわけ社会教育活動や児童館などの地域子ども施設における中枢的役割なのである。

児童館は、児童福祉法第40条で定められた児童厚生施設で、「児童遊園、児童館等児童に健全な遊びを与え、健康を増進し、情操を豊かにすることを目的とした施設」と定められている。そして、児童福祉施設最低基準第39条にて、「児童厚生施設における遊びの指導は、児童の自主性、社会性及び創造性を高め、もって地域における健全育成活動の助長を図るようこれを行う」と定められている。つまり、児童館では、子どもたちの健やかな成長を目指した「遊びの支援」を図っていくことが求められているのである。

「支援」という言葉の意味は、「支えて援助する」ということである。これに遊びという言葉を加えると、子どもたちがイキイキ・ワクワク・ノビノビと遊べるように環境整備や場所の確保であり、キッカケづくりや動機づけなどが挙げられる。遊びの主体は、子ども自身にあり、私たち大人はその支援をするというスタンスに立つことが求められてくるのである。

（2）「遊びの支援」で心掛けたい目標

遊びの主体は子ども自身であり、「遊び」という活動を通して、子どもたちの自主性、社会性、創造性を高め、心身の健康増進を目指している。そこで、児童厚生員、放課後子ども教室や放課後児童クラブの指導員が「遊びの支援者」として心掛けたい視点を5つ提起したい。

① 子どもたち自身の主体性を尊重した活動のあり方を常に考える。
② 遊びの本質や子どもの特性を的確に理解し、子どもたちの内発的な活力を導き出すとともに、安全性にも十分に目配りできるようにする。
③ 遊びやさまざまな諸活動を通して、仲間集団の形成や地域の多様な人々との交流や関係を構築する。

④ 子ども集団の組織的な活動を支援し、子どもたちの自主性・社会的な活動を育む。
⑤ 子どもたちの教育文化活動に必要なさまざまな素材を提供し、活動を通して子どもたちの文化活動の促進を図る。

　遊びの支援は一つのパターンではない。子ども一人ひとりの個に応じた「言葉がけ」や「距離感」を把握することが必要であり、それに応じた関わり方が大切なのである。このように、児童館での遊びの支援にあたっては、子どもの特性、遊びの本質を的確に理解すると共に、「遊びの支援」のあり方について、絶えず模索しながら実践していく姿勢が求められる。

　現場で実践されている方々に「『遊びの支援』と聞いてイメージするものは？」と質問すると、一番多いのが「集団遊び」「仲間づくり」という答えだ。「子ども集団の組織化」について簡単に説明しておくこととする。

　仲間集団の最盛期は、おおよそ7歳〜11歳ぐらいの児童期と言われ、別名「ギャングエイジ」とも呼ばれている。同世代者との対外活動（主に遊び）に強い関心を持ち、徒党を組んで集団活動を展開していくのである。

◆この組織の特徴
① ヨコの人間関係
　社会的勢力の差異がなく、対等な人間関係である。
② 仲間とぶつかる
　対等関係にあるので、個々の「価値観」がぶつかりあう発生誘因を内包する。
③ きっかけ
　遊ぶのが面白い、仲間と一緒にいるのが楽しいから自然発生的に集団化する。
④ 集団意識の形成
　活動を通して、同一集団に所属しているという一体感、共通経験・共通思考から情緒的関係を形成し「我々意識」が芽生える。

◆仲間集団では何を学ぶのか

一言で言ってしまえば「社会性」である。具体的には以下の通りである。

① 家族集団で培った価値観が修正される。

家族集団で通用した態度・行動・価値観などが、否定されたりケンカに発展する。

遊びを通して価値観が修正され、他人にも通用する包括的・客観的な価値観を形成する絶好の機会となる。

② 集団的遊戯活動を通じて仲間意識(連帯感・情緒的関係)を形成。

遊びを通して仲間意識が芽生える。相手を感じることで相互性・他者性といった対人関係の安定性と情緒的安定感を形成する。

③ 対人関係能力を形成する。

集団の遊びは、相互の協力・競い合い・妥協がなされ、コミュニケーション構造を経験する。また、ゲーム(鬼ごっこ、野球、サッカー)など勝敗を競い合うことを通じて、公平を原則とした競争や規則に従った妥協を経験する。このことから、社会での対人関係能力を培う。

3．子どもは地域や他者との関わりをどのように広げていくのか

(1) 地域に伝わる文化の断絶

子どもが転んだ時、「チチンプイプイ　痛いの痛いの飛んでいけ〜」と呪文がわりに唱えながら痛むところをさすっては子どもをなだめる光景を以前はよく見かけた。この言葉の発端は茨城県にあるという説がある。遠藤忠男によれば、「1916年の梅雨の時期に関東一円は未曾有の暴風雨に見舞われ、常陸国も被害が大きかった。水戸射爆場跡地(現在の国営ひたちなか海浜公園)のあたりには、当時二つの村が存在し、6日6晩も吹き荒れた大風のため、二つの村は砂で埋没した。難を逃れた村人たちは、この悪夢のような恐怖の大風のことを千々乱風(ちぢらんぷう)と呼んで

語り伝えた。」(遠藤、1984、24頁)と説明している[2]。

　これは、かつて村を消滅させた大風のように傷の痛みも飛び去ってしまえという呪文である。これには、「チチンプイプイ」と言って昔の災害を語り継ぐということと、痛がる子どもをなだめようとする愛情表現、また、傷の痛みにも堪えて、かつての災害や困難があっても乗り越えてほしいという大人の願いも込められている。

　このように、各地には子どもの育ちに関わる文化が残っている。それは、子どもを産み、育て、地域の成人として一人前に育てることが、地域を継承し繁栄させるために必要不可欠だからである。

　しかし、近年、各地域で子どもたちが担ってきた文化・風俗が消えつつある。それは、私たちの生活や地域構造の変化により、「地域」のコミュニティが弱体化したからである。その要因は何か。生活や地域構造の急激な変化である。

　これは、「高度経済成長」期から発生した過疎化と少子高齢化によるところが大きい。例えば、1950(昭和25)年の朝鮮戦争以降に我が国にもたらした「特需」は、第二次世界大戦で疲弊したわが国の経済を自立可能にした。北東北地方を中心に「金の卵」と称して、中学を卒業したばかりの青年を乗せた集団就職列車が走りはじめたのも1954年である。

　つまり、1950年代は私たちの生活にとって境目となった年なのである。集団就職列車は地方から若者を都会へ運んでいき、企業労働者となり、新興住宅地を形成した。反面で、地方には「過疎」をもたらしたのである。地域社会において重要な担い手であった青年が都会に出て行くことにより、青年団などの組織が弱体化しはじめ、残された世代だけでは地域の風習を継承することが困難になったのである。

　一方、都会に出た青年たちは、アパート、団地や新興住宅地に居住するようになるが、そこには、昔から伝承される風習がないだけではなく、地縁や血縁といった「しがらみ」も必要としない。生活と労働が分離したためである。そのために、他の住人に対して気を配らなくてもよい空間になり、「私生活化への斜頚」をより一層強め、やがて地域における「共

同体」を弱体化させたのである。

　生活や地域構造の変化は、子どもたちの世界にも影響を及ぼした。大人が地域で果たす「役割」や「役目」を無くしていったのと同時に、子どもたちも地域での「役割」を喪失していったのである。

　「遊び」を中心とした子どもの仲間集団の活動は、地域社会の生活と密着していただけに、長い歳月のなかで培われてきたローカルかつ個性的で、豊かな文化を背景に展開していた。その生きた土着の文化が、この仲間活動を通じて、先輩から後輩たちへと受け継がれ、共有されていったのである。その実践活動を通じて、自分たちの住んでいる地域を知り、そこでの生活に親近感を覚え、地域への愛着心も育んでいったのである。この一連のプロセスは、体験の共有と感情の共有が重なって共有体験につながり、これが自尊感情の醸成につながるという近藤の提起とも合致する(近藤、2009)。

(2)　2つの調査からみえてきた子どもの視点

　高橋・阿比留・深作は、作文の記述から子どもたちが持つ「仕事」についてのイメージを探る共同研究を行った(高橋ほか、2010)。この研究は、新宿区の小学3年生から6年生が書いた「しんじゅく・わたしの街　働く人・地域の仕事・家族の仕事」をテーマに描いた1768の作文を「全体段階」・「家族段階」・「母親段階」・「賃労働・無賃労働」のカテゴリー別に分析をして誰をどんな仕事を書いているのかを調べたものである。

　当初は、学年が上がるにつれて身近な学校の教職員からさまざまな職業に広がっていくものだろうと想定していた。それは、自営業以外では親の働く姿を見る機会が少ないのでイメージしづらいだろうと予想していたからである。しかし、作文を分類してみると、家族を描く傾向が全学年にわたって強く、特に生活圏が限定されることから低学年は特にその傾向が顕著にみられた。成長につれてそれが拡大し、自らの夢としても独立していくと推測できる。加えて、同性の親を対象として書かれている傾向もみられた。学年別に大差はない。作文を読むと親にインタビ

ューしたり、家族内の団欒のなかで会話がなされて、働くことについてのイメージづくりに一定の影響を与えており、特に同性の親だとイメージがしやすいのではないかと考えられる。

　しかも、学年があがることによって生活圏が拡大することで、「地域の人」を書く割合も上がっていく。母親の仕事と共通する点として、無賃労働を記述するケースが増えてくるのである。子どもたちは「仕事」に対して、大人が捉えている「賃労働」だけでなく家事や地域活動といった「無賃労働」も含めて捉えている。それは、実際に働いている姿を見て仕事像をつくっていることが言えるのではないだろうか。

　この研究に前後して、深作が埼玉県Y町で中・高校生約20名を対象に、親戚やクラスメート以外の地域の人々、地域の施設や商店をどのような機会やツールを活用しているのかを把握することを目的にヒアリング調査を行った。調査に協力してくれた中高校生は、以前著者の自宅のリビングに息抜きや勉強をしに来ていたメンバーやその友達であり、良好な関係にある子どもたちである。調査では、まず自分を真ん中に置いた「相関図」を書いてもらい、その相関図をベースにインタビューをしていった。

　インタビューをまとめると、対象となった子どもたちは、他者を認識していくパターンとして、①近隣づきあいやママ友を通じて他者を認識していく、②クラスの友だちを通じて他者を認識していく、2つに大別することができた。①のパターンの中高校生は、地域の活動や社会教育事業にも積極的に参加している傾向があり、早期から家族以外の他者（特に異年齢）を認識していることがわかった。また、①・②両方のパターンで共通していることとして、地域の活動や社会教育事業に参加している中高校生は、他者への交わりに対して肯定的に捉える傾向が強く、特に他者を「モデル」「お手本」としてみていることがわかってきた。それだけではなく、人だけではなく機関（施設や店）も認識しているという特徴もみられた。

（3） 子どもと地域の人々（大人）の関係をどう捉えるか

2つの研究からは、子どもたちが地域の人々（大人）をどのように見ているかということが垣間見える。

地域の人々（大人）は、同一地域の居住もしくは勤務しているという点で、空間共有をしているが、それぞれの社会的な位置や階層、日常生活での価値観や規範、生活経験が異なる。教員や保育者、保護者と違い、一般の大人は子どもを保護・指導・援助といった責任を持たない。住田は、地域社会の範囲を「日常的な対面的接触の可能な範囲」とした上で、地域の大人と子どもの関係を「距離をおいた自由な立場」で接することができる「一方向的」と述べている（住田、2001、38頁）。

子どもたちからすると、仲間集団での集団遊びや地域の大人との交流（住田は「他人との不断の交渉」と呼んでいる）は、他人との関連で自己を覚知し、葛藤を経て、自己の価値観の修正や他人との関係調整能力を培っていく。亀山佳明はこの点に注目し、地域に居住する親や家族以外の他者、特に「準拠者」を「社会的オジ」と称している（亀山、1985年、93－110頁）。

先に紹介した中・高校生へのインタビューで興味深いコメントが3名から得られた。それは、同じ地域の大人でも、学校の授業で出逢うのと地域で出逢うのとではイメージが違うという。学校あるいは授業という先入観があるからかもしれないが、定められた時間で交流が終ってしまうことと、知識や技術の習得に限定され、一人ひとりの個性が活かされづらいのかもしれない。そういう点では、地域の大人との出会いのきっかけとして学校は有効かもしれないが、人間対人間としての関わりを意識するならば、学校のみに求めては限界がある。

例えば、従来の「キャリア教育」は、自分の夢と仕事観形成を重視した取り組みが行われていた。体系的に学習できるという点では評価できるものである。だが、果たしてそれだけで良いのであろうか。今回の分析で「無賃労働」を一定数挙げているということは、家事労働や地域活動も、子どもたちの「仕事」観形成において一定の影響を与えているということを示している。つまり、学校外での日常のあそび、社会教育活動や家庭

内での家事労働など、身近な家族の存在、生活全体の体験も重視されるべきではないだろうかと考えている。

その理由は、小学校中・高学年は、著しく社会的役割を獲得していく時期だからである。現実の社会生活に参加し、そこで生活を営む過程で、普遍的な役割を習得していく。例えば堀内守(堀内、1980)[3]や江馬成也(江間、1993)[4]は、それぞれアプローチは違うが「一人前」「役割」という視点から子どもの社会化について検討している。両者に共通することは、以前のような家庭・地域・学校には共通の教育目標があり連続性もみられたが、社会構造が変化した今日、新たな視点で「一人前」になるしくみを家庭・学校・地域が検討していく必要があると唱えている。

この「一人前」の概念が「仕事」像に置き換えることができるとするならば、子どもたちの作文からも読みとれたように、今日的な産業構造の枠組みでの賃労働に限定するのではなく、家庭・地域・学校の連続的に捉える視点が必要であり、キャリア教育においても同様で、家庭内の家事労働や地域での社会教育活動を子どもたちが経験することで視野が広がっていくのと同調させた視点を培うことで、子どもたち自身の実態に合わせたより意味のあるものになっていくのではないだろうかと考えている。

4．子どもを主体に捉えた大人の関わりについて考える

（1） 子どもの学校外教育をどう捉えていくか

地域の子どもたちの児童館は、その地域に居住するすべての子どもが主たる対象であるが、世代間交流といったことを考えると、高齢者や障害者、学校、その他機関で働く人といった地域に関わる人々すべてを対象として捉えるべきなのかもしれない。理由は2つあり、1つは、遊びを中心に生活全体を観ることが何よりも大切であり、特に＜子どもと高齢者＞間をつなぐ手段として「遊び」が有効であるという提起もあるからだ。もう1つは、子どもの成長・発達は、日々の子どもの生活の営みす

べてが関係してくるという考えからである。宮原誠一は、人格形成において「自然的環境・社会的環境、個人の生得的資質、教育」の4つが働いており、前二者はごく自然に成長していくが、それに任せてばかりいると良くも悪くもなる。そこに一定の方向づけをするのが教育の営みであり、「教育は形成の一要因であって前者が後者にとって代わることはできない」と述べている（宮原、1976、9－10頁）。つまり、学校教育だけを意識しても偏りが生じるのと同じく、児童館で子どもに携わる私たちも「子ども」と「遊び」だけを意識しすぎていると偏りが生じてしまうのである。

つまり、学校外教育として取り組む活動は、育つ主体である「子ども」自身を根底に据えた活動を展開していくことを意識しなければならないということだ。子ども同士はもちろんであるが、地域のさまざまな人々との交流はもちろんのこと、自然、文化、風習、産業といった「地域」そのものと出逢い、触れあえることで、地域の一員であることが自覚できる、その拠点としての意義や役割を的確に把握して実践していくことが、「遊び」を最大のツールとして健やかな育ちを促すことを目的とする学校外教育の意義であり、そこに関わる大人、とりわけ専門職員役割として求められることなのである。

(2) 子どもが主体になる

2009年は、『子どもの権利条約』が国連で採択されて20年、日本国が批准して15年を迎えた。もう1つ言うと「児童福祉法」制定60周年でもあった。この2つの条約・法律に共通する点がいくつか挙げられるが、一番注目すべき共通点は「理念」である。その理念とは、子どもの健やかな育ちの環境を整えるための大人の役割を規定しているという点である。例えば、第3条では「子どもの最善の利益」、第12条「子どもの意見の尊重」、第31条「休息、余暇、遊び、文化的、芸術的生活への参加」を保障していくことが定められている。一部のマスコミや大人たちは「子どものワガママを増長させる」と誤った解釈をしているようであるが、

全くの誤解である。

　ここで大切にしたい視点は「子どもが主体になる」ということだ。成長・発達する主体は子ども自身にある。児童館の立場で言えば、子ども自身が主役となって遊びを中心とした放課後の生活の中身を創り出していく。特に、子どもたちの放課後や休日は、本来であれば大人がほとんど関与しない自由なひとときであり、遊び自体が誰にも強制されない自由意思に基づく活動なのである。経験も知識も乏しいからこそ大人の関与が必要なのであるが、だからと言って、子どもの世界に大人が君臨して良いというわけではない。

　児童館の活動を通して、私たちは遊びを通して子どもの内面にある育つ力を引き出していくことが求められている。そのためには、子ども自身の内面に潜む「想い」や何気ない一言の「つぶやき」に敏感にならなければならない。それはなぜか。表現力や語彙力に乏しい子どもたちだからこそ、子どもの声、特に「声なき声」に耳を傾けてその想いを汲み取ることが何よりも必要なのである。

（3）　子どもとの関わりから学ぶ
　「子どもに関わる資質は何であるか？」「私は子どもに関わる職業に向いていますか？」とよく質問される。その時に私は「『子どもに寄り添う』『声なき声を汲み取る』ことができるように努力するチカラ」と回答する。「子ども主体」「子どもと共感する」、これは頭では理解できていても容易なことではない。子どもに関する知識や遊びの技術をたくさんもっていてもあまり役立たない。私たち大人も同じ人間であり、感情や体調が悪い時もある。信頼関係をコツコツと積み重ねて築いていくという過程を経て、はじめて発揮されるのである。しかし、学校や塾とは違い、参加不参加の判断は子どもに委ねられているわけであり、初対面の子どもたちも遊びに来るという場面も多々ある。そういう場面では、特に瞬時に空気を創る場面も出てくる。また、子どもたちはしばしば「ためし行動」をしてくることもある。そこで必要となってくる力量が、自分らしさを

発揮することで子どもを惹きつけられる力だ。喜怒哀楽といった感情を豊かに表現できる力（自分をさらけだす）、相手の表情や仕草を読みとる細やかな洞察力を培う努力も必要である。この過程を経て、自己をよく覚知することができるであろう。自己覚知をすることで初めて子どもの内面と向き合えると言っても過言ではないかもしれない。

（4） 子どもの成長・発達を中心に据えて考える

児童福祉法第 40 条に規定されている内容を前向きに捉え、児童館を地域の子育ち支援のコア施設としての役割を確立させていくことを意図した議論が最近盛んになってきている。とりわけ、吉成信夫は、「児童福祉法に明記されている遊びの提供＝児童館という枠組みを超えて、子育て支援の地域拠点施設として、子どもや親からの相談を受け止め、地域内に点在する子どもに関わる施設やひとをつなぎあうセンター機能を持つ方向へと進化させることができれば」（吉成、2009、34 頁）と地域支援というコンセプトを児童館の新たな方向性を提起している。

北宮千秋は母子保健の立場から、介護保険におけるケアマネージャーのようにコーディネートする人材を母子保健・児童福祉、ひいては育児支援においても配置が必要であることを提起している（北宮、2007）。

これらの提起は、子どもの成長・発達を「教育」の概念で捉えようとすることへの限界を示唆するものであると言える。それに関連して、小川太郎は、子どもの生活・活動の内容を「基本的生活」「労働」「遊び」「学習」の 4 つに分類して日本の子どもの生活史を捉えた（小川、1960）。増山は「学校外教育」が抱える論点として、①学校教育と社会教育の再編成、②教育と福祉の統一、③子どもの文化と教育の相関の 3 点を掲げている（増山、1989、135 頁）。これらの先行研究は、子どもの育ちに合わせた時、教育の概念、さらに踏み込んで言えば従来の「学校・家庭・地域社会との連携」という概念で子どもの育ちは捉えきれないということであると考えている

これらの問題提起も踏まえて、筆者が掲げる「子育ち」という視点から

(深作、2008 年)子どもの学校外教育について考えるならば、より子どもの育ちの実態に近づけて考えていくべきであり、具体的には、＜遊び(遊育)＞＜生活(養育)＞＜家事労働(訓育)＞＜福祉・医療(療育)＞＜学習(教育)＞の5つの視点を総合的に捉えていくべきであると考えている。

　大人は、知識や技術の習得などを目標に掲げ、子どもに教育しようとしてしまうが、子どもたちの立場に立って、学校外での遊びを通した集団遊びや地域の大人との交流について考えると、他者との違いを認識し、葛藤を経て、自分自身の価値観の修正や他人との人間関係を調整する力を培っていく機会であり、「モデル」として大人を求めているのである。

　子どもたちは、「遊び」を通した直接体験をすることにより、多くのことを習得する。子どもの育ちに関わる大人は、遊びの本質を踏まえ、その魅力や楽しさを子どもたちに伝えること、そして子どもたちが十二分に心身を解放して遊べるように支援していくことが求められている。

　そのためには、「遊び」を大人の基準で捉えるのではなく、子どもの特性や遊びの本質を的確に理解した上で、子どもたちがイキイキ・ワクワク・ノビノビと遊べるような環境醸成、一人ひとりに応じたキッカケづくりや「距離感」をはかることである。支援をパターン化するのではなく、絶えず模索しながら実践していく「姿勢」が何よりも大切なことではないだろうか。

【註】
1　正木は、体育学・教育生理学の観点から、子どもの心身の発達の異常性や遊びの変化について早くから問題提起をしている。本章では、(正木・野口、1979)、(正木、1995)を参考にした。
2　「チチンプイプイ」は、江戸時代の俗語を修めた『俚語集覧』によると、徳川三代将軍家光の乳母だった春日局が、幼少の頃の家光が転んだ折に「智仁武勇は御世の宝」といってなだめた言葉が発端となったと記している。これに対して遠藤は、幕府編集の『徳川実記』をもとに、関東大風の方が時代的にも古く、発音こそ違うが県内各地に千々乱風を語源とする同語が残っていることから、茨城説が有力としている。
3　「一人前」や「一丁前」とは、ムラが子どもたちを育てるための集団的な教育目

標であり、家庭・地域・学校がほぼ共通していたという。堀内は、今日的なしくみを再構築する必要性があるとして、ピアジェ .J の「シェマ」の概念を援用して検討を試みている。」
4　江間は、東北各地でみられる地域社会の教育慣行としての子ども組織について丹念に調査している。地域で執り行われている「年中行事」の中のいくつかの行事を子ども組が繰り返し経験することで、やがて正規の地域のメンバーとしての「一人前」と認められる大人になっていく。子ども組は「一人前」になるための地固めを行っていると説明している。

【参考文献】
・明石要一ほか(2009)『放課後の生活時間調査報告書－小・中・高校生を対象に』Benesse 教育研究開発センター。
・江馬成也(1993)『子どもの民族社会学』南窓社。
・遠藤忠男(1984)『茨城のことば』筑波書林、24－25 頁。
・小川太郎(1960)『増補　日本の子ども』新評論。
・カイヨワ，P. 著(多田道太郎・塚崎幹夫訳)(1990)『遊びと人間』講談社。
・亀山佳明(1985)「子どもの社会化と準拠者」柴野昌山編『教育社会学を学ぶ人のために』世界思想社、93－110 頁。
・北宮千秋(2009)『要支援親子への支援の「つなぎめをつなぐ」保健師の活動に関する研究－3 歳児検診から就学まで』弘前大学大学院地域社会研究科博士論文。
・近藤卓(2010)『自尊感情と共有体験の心理学』金子書房。
・佐藤淑子(2009)『子どもし自尊心－自己主張をどう育むか』中央公論社。
・住田正樹(2001)『地域社会と教育－子どもの発達と地域社会』九州大学出版会、3－113 頁。
・千石保他編(2009)『中学生・高校生の生活と意識調査報告書』日本青少年研究所。
・高橋平徳・阿比留久美・深作拓郎(2010)「子どもの「仕事」観の形成に関する一考察－作文コンクール『しんじゅく・わたしの街　働く人・地域の仕事・家族の仕事』にみられる「仕事」イメージ－」『弘前大学生涯学習教育研究センター年報』第 13 号、15－29 頁。
・土井健郎、斎藤孝(2004)『「甘え」と日本人』朝日出版社。
・浜口恵俊(1988)『「日本人らしさ」の再発見』講談社文庫。
・深作拓郎(2008)「子育ちとは何か－子どもたちの豊かな育ちと教育」子育ち学ネットワーク編『なぜ、「今子育ち支援なのか」』学文社、2－17 頁。
・堀内守(1980)『原っぱとすみっこ―人間形成空間の創造―』黎明書房。
・正木健雄(1995)『おかしいぞ、こどものからだ－図表で見る最新警告』大月書

店。
・正木健雄、野口三千三(1979)『子どものからだは蝕まれている』柏樹社。
・増山均(1989)『子ども研究と社会教育』青木書店。
・宮原誠一(1976)「教育の本質」『宮原誠一教育論集第一巻教育と社会』、国土社、7－97頁。
・吉成信夫(2010)「地域の中で果たすべき児童館の役割」吉成信夫・深作拓郎『いわて児童館テキスト－遊びと児童館』岩手県立児童館いわて子どもの森、34頁。

【附記】
　本章は、吉成信夫・深作拓郎・神田奈保子『いわて児童館テキスト vol.5 －遊びと児童館－』(2010年)、岩手県立いわて子どもの森発行の原稿をベースに大幅に書き換えたものである。

7　生涯学習を拓く大学での学び

藤田　昇治

はじめに

　今日、東日本大震災にともなう復興事業をどのように行うのか、原発事故にともなう風評被害にどのように対処するのか、急激な円高への対応や持続可能なエネルギー開発も含めどのように経済システムの再構築を図るのか、といった課題に直面している。

　また、「少子高齢化」にともなって「年金問題」や福祉の在り方をめぐる課題も深刻化してきている。地域によっては、「限界集落」や「無縁社会」と呼ばれる状況もうまれてきており、改めて「地域づくり」の課題が浮き彫りになってきている。しかし、GDPが中国に抜かれて世界第三位になったとはいっても、この間日本経済の発展はめざましく、科学技術の著しい発展は、労働・生産・生活の様々な場面に浸透し、多くの商品・サービスが社会的に提供されるようになり、一面で極めて「豊かな社会」を実現している。物質的には「豊か」ではあっても、格差は拡大し、雇用の場面で社会的に「排除」されたり、障害の有無・性別・年齢・民族等によって「排除」される実態があることも否定できない。

　このような社会状況下にあって、一人一人が個人として、学校ではもちろん、社会生活を送りながら生涯にわたって学習し続けている。その生涯にわたる学習を必然とする、あるいはサポートする社会的条件として、企業活動や情報システム・社会教育事業・NPO活動等々がある。大学もまた生涯学習を支える重要な役割を果たしている、ということができる。今日なお「大学は若者が学ぶところ」というイメージが強く、実際高校卒業後半数が大学に進学しているのではあるが、研究と教育の機能を積極的に地域・社会に「開放」して行政や民間企業と共同研究を実施

し、多様なテーマ・内容の「公開講座」を実施し、「社会人入学」の制度をとり入れ、かつての「閉鎖的な大学」から大きく変身している。

この小論では、①学生の学習力を向上させる上で地域・社会の課題と関わりを持つことが必要とされる一方、学生が持つ教育力を重視する必要があること、②大学は生涯学習の活動を行う上で重要な役割を果たしていること、③「社会参加」と「社会的排除」について生涯学習の視点から位置づけることができること、について述べることとする。

1．大学での学びと地域での学び——学生の学習力の向上を図る

（1）　今日の「高等教育機関」の特徴

大学は、今日では高校卒業者の約半数が進学する高等教育機関である。高校までの教育とは異なる、専門的な研究成果に基礎づけられた教育が行われている。

ここで、「教育」と「学習」の関係について検討しておきたい。「教育」と「学習」の関係を、「学ぶ人」と「教育する人」との「相互作用」として捉えたい。とりわけ大学では、学生が「学ぶ主体」であり、学生の問題意識や自ら学ぶ学習力を尊重したいと思う。そこでは、社会的存在として「自己」を意識し、また、「自己」を規定する様々な社会的条件を視野に入れて自立的・自律的に学び続けることが求められている。その意味では、学生が「地域」や「社会」と深く関わることで、社会の実態を把握し、様々な「社会的矛盾」と向き合う、そうした問題と自己とが関わる、ということが必要とされている。

最近の学生の動向として、「活字離れ」、「勉強不足」、「ケータイやインターネットへの依存状況」、等々が指摘されている。生活時間の中でバイトなども大きな比重を占めている人が多く、十分勉学の時間がとれない、という学生も決して少なくない。もちろん、すべての学生がそうだということではないが、こうした傾向が強まっているというのが筆者の実感である。

大学教育はまた、「生涯学習」の一環という側面も持っている。生涯にわたる生活の営みの中でも、大学で学ぶ青年期のこの時期は、飛躍的な人間的成長発達を実現する一つの画期を成していて、その後の人生の在り方を大きく規定する。大学はまた、受験で選抜された青年層だけでなく、社会人(現役世代や退職者)にも門戸が開かれている。「社会人入学」という、社会人に学び易くしようという制度もあるが、弘前大学大学院地域社会研究科の院生の事例として、「現役」で職業に就いたまま大学院で研究している人も少なくない。また、退職後、学生時代あるいは現役時代にできなかった研究を目指す、という人も多い。ある院生の場合、札幌市で長年高校の教員として勤務していたが、退職後、在職時には追求できなかったこととして、札幌における中学生の不登校児の問題を取り上げ、博士論文執筆を目指している。

　今日では「大学開放」ということで多様な「学習機会の提供」もなされている。多くの人々、高齢者、現役世代、高校生に「学び」が「開放」されている。「科目等履修生」という制度の他に、多くの大学では「正規授業の公開」が行われている。

　このように、大学は教育面だけでも、生涯学習を推進していく上で重要な役割を果たしている。

(2)　学生に対する教育の課題——今日の学生の状況をめぐって

　言うまでもなく、学生は大学において「職業的に」教育を受けることが想定された社会的存在である。大学において学生は、「学習主体」あるいは「教育対象」としての位置づけがなされることが一般的である。また、学生の学習力やコミュニケーション能力など、その具体的な事象、学生の抱える問題などについての認識は多様ではあるが、大学教育を担当している教員の視線で捉えられることが多い。あるいは、「社会」からの評価(企業で学生を採用する立場や社会人として受け入れている立場からの、さらに身の回りで見聞する学生への)に対する「言説」として語られることが多い。

ところで、「学生」に限定してのことではないが、学生・青年層の今日的特質として、次のような傾向があるのではないだろうか。即ち、成長過程にあって、一方では不安・先が見えない・自信喪失・無力感・コミュニケーション能力の欠如・社会性の欠如、等々の「問題・課題」を抱えている。しかし、他方で、様々な可能性を持っている。既存の価値規範に拘泥しない、創造力や挑戦力・実践力に富む、といった特質もある。そういう社会的存在であるが故に、地域社会の教育力が大きな意義を持つ、ということであり、また同時に、より若い世代や年長の世代に大きな影響力を発揮する、ということである。

「ニート」などとの関連で「学生問題」を捉えようとするならば、今日の「社会」が「学生」に及ぼしている否定的な諸要因についても掘り下げられる必要がある、と考える。それは、小中学校や高校までの学校教育の問題などとも関連してくる。また、家庭生活や「社会」一般の問題も大きい。「ケータイ」や「覚醒剤」、「援助交際」などの問題も微妙に関係してくる。ここではそうした課題を正面から議論する余裕はないが、「学習力の向上」が問題解決の一つの柱として位置づけられる必要がある、という点を指摘しておきたい。また、同時に、学生(それ以前の小中学校・高校までの段階も含めて)の「社会参加」を積極的に位置づけ、サポートすることが重要な鍵となるのではないか、と考えている。

(3) 学生の教育力への注目

ここで、「学生が持つ教育力」について積極的に評価してみたい。即ち、社会的には「社会人」として自立しているわけではない(例外は当然あるのだが)、とはいっても、学生が高校生や中学生などに対しては一定の教育力を発揮する、ということも積極的に捉える必要がある、ということである。実際、「高大連携キャリアサポート事業」や、弘前市立中央公民館における「キッズ・ワールド」という事業、鶴田町での「通学合宿」などは「学生ボランティア」の存在・活躍ぬきには事業が成立しない、といっても過言ではない。

「高大連携キャリアサポート事業」を例にとって考えてみよう。今日の高校生に対して、「タテの関係」として捉えられる家庭での「親－子」関係や学校での「先生－生徒」関係では、十分心を開いて交流し信頼関係を構築することが困難な状況に陥っている生徒は決して少なくない。また、高校生同士という「ヨコの関係」の場合も、今日の状況では必ずしも信頼関係が容易に構築できる条件下にはない。そうした中で「大学生－高校生」関係は、いわば「ナナメの関係」として、高校生の心を開き、高校生の本音を引き出したり、自己と向き合うきっかけを与えることが可能だ、ということである（坂本、2009）。

高校生や小中学生に対して学生が「教育力」を発揮するということは、それまでに学んだ様々な知識（主として学校で形成される「受験学力」だけでなく、様々に蓄積された社会経験や生活経験、社会的に通用している「常識」等の総体）に基礎づけられた「世界観」や「人格」が、重要な意味を持つ、ということである。そしてそれが、高校生等にとって、「親－子」や「先生－生徒」ほどに遠い関係ではなく、いわば自分の人生の一歩先を行く先輩、という親近感をいだくことができる存在だ、ということであろう。

今日では、「ナナメの関係」や「異年齢集団」が形成されにくい、あるいは機能しにくい条件下にあるだけに、目的意識的に学生の「教育力」を育成しそれを活用することが必要である、と考える。

また、大学生が公民館事業と連携することで「学習力」を向上させている、「教育力」を発揮している、という事例について触れておきたい。「弘前大学との地域づくり連携事業」の一環として、弘前市立中央公民館では、公民館事業と大学の正規の授業との連携が追求されてきた。公民館の事業として位置づけられている国際交流事業のイベントがあるのだが、その準備の過程を基本的に大学の正規の授業として組み入れているのである。また、市民のボランティアの参画も積極的に位置づけられ、授業および公民館事業のなかで、重要な役割を果たしているのである[1]。この授業とイベントの取り組みの中で、「学生－学生」の関係、「学生－留学生」の関係、「学生－市民ボランティア」の関係、そして「学生－一般

市民」の関係の中で相互に学び合い、同時に教育力を発揮しているのである。

2．生涯学習論の問い直し――「自己完結的な自己」から「社会的自己」へ

(1) 「生涯学習」とは何か

生涯学習および生涯教育については、国内・国外で多くの著書・論文が出版され、生涯学習審議会と中央教育審議会の答申も数多くまとめられているところであり、ここでは本論に関連して若干記述するにとどめたい。

生涯学習の基本的な理念の探究は、1965年のユネスコにおける成人教育部会での議論に始まる。急激に進行する科学技術・社会の変化に対応するためには、学校卒業後も社会生活を営みながら継続的に学習を続けることが求められ、それを可能とする教育システムを社会的に整備するべきである、ということである。21世紀の今日では、情報・自動車・エネルギー等々、様々な産業領域で科学技術の発展がめざましい。しかも、グローバル化の下で、激しい市場競争が行われている。個人にとっても、社会にとっても、常に学習することが必要とされているのである。

日本における生涯教育・生涯学習の紹介は、当初波多野完治によってなされた。文部行政によって積極的に生涯教育・生涯学習が推進されるようになるのは、1970年代以降のことである。

生涯学習について理解する上で、誕生から死を迎えるまでの個人の生涯にわたって、それぞれの成長発達段階に対応した学習が必要とされてくる、と捉えることが重要である。家庭での生活の比重が大きい就学前の時期、そして学齢期へと成長する中で、身体的な成長とともに精神的な成長発達が図られる。「学校」や「地域」という「社会」との関わりも拡大深化させながら、個人の成長発達が達成されていく。しかし、家庭内暴力や学校でのいじめ、地域における子ども集団の解体、テレビゲームのような「一人遊び」の比重増大等々、成長発達を阻害する社会的な要因が

存在することにも注目する必要がある。

　高等教育機関への進学率が高まることで、先にも触れたが、青年期の重要な成長発達を遂げる時期を、高等教育機関で過ごすことが一般化してきている。また、高等教育機関は、社会人にも積極的に門戸が開かれるようになってきている。

　社会人として社会生活を営む成人期においては、所属する企業などで企業内教育が実施されることが多く、また、職業に関する知識・技能の向上やキャリアアップを自律的に追求することが必要とされてくる。また、生活者としてより充実した生活を営む上でも、健康・育児・趣味等、様々な領域について学ぶことが求められることになる。

　高齢期には、多くの人が退職し、家庭・地域での生活に重点をおくことになる。現役時代に「会社人間」として人生を歩んできた人も、新たな人生設計が求められることになる。また、健康保持を図り、「社会参加」を追求するための「学習」が重要になってくる。

　成人の個人が学習活動を展開する場面を考えたとき、社会的には多様な学習機会が提供されている。公民館や図書館・博物館などの社会教育施設を利用することも可能である。もっとも、居住する地域の状況や、交通手段の整備状況などによって、大きく利用は制約されることになりがちである。民間の教育産業も様々なテーマ・内容の教育機会を提供している。カルチャーセンターといった名称のものの他、趣味・教養の向上や資格取得などのニーズに応える、多様なものがある。さらに、福祉・環境問題・子育て・学校支援などのボランティア・NPO活動も活発に展開されているが、その活動の中で学習活動が追求されている場合も多い。教育行政以外の首長行政が実施している教育的事業にも注目する必要がある(例えば、医療・保健行政において「健康増進」を目標とした教育事業を実施している)。

（2）　キャリア教育を担う大学開放

　これまで、成人に対する職業教育については、キャリア教育という場

合、個別的な職業資格取得に特化する傾向が強かったが、近年「キー・コンピテンシー」の形成に主眼がおかれるようになってきている。社会変容・技術革新などに対応した労働力の養成は1965年のユネスコ成人教育部会での議論以来重視されてきたが、「キー・コンピテンシー」ということが国際的にも国内的にも重要なものとして注目され、関心は非常に高いものになっている[2]。いわば、職業人・社会人として求められる能力を一般化したものとして「キー・コンピテンシー」が取りざたされてきているのである。

　ここで、「キャリア教育」と職業訓練・職業教育について考えてみたい。「キャリア教育」は、学校教育・社会教育いずれにおいても教育内容に関わる主要な課題であり、「主体的に職業人・社会人として生きていくための準備教育および実践的教育」として捉えられるべきものである。これまで「中央教育審議会」などでは、主として、児童生徒に対する教育として議論されてきた。しかし、「キャリア教育」は、実際に社会の様々な場面で求められる労働力の形成と職業観の形成という、2つの内容が統一されたものとして設定される必要がある、と考える。佐藤一子が提起する「『働く』という問題をいかに社会教育の課題にすえられるかという問題が、青年期においても中高年期においても問われている」(佐藤、2006、2頁)ということへの回答は、労働力としての形成と職業観の形成を基礎に、さらに「『労働・生産・生活過程』を主体的に編成する『主体性』を確立する」(藤田、2009、2頁)という文脈の中に求められる、と考える。次に、「大学開放」と「キャリア教育」について検討したい。近年、首都圏の一部の私立大学などでは多様な「キャリア教育」を軸とした教育事業を展開するようになり、「大学開放」事業の一つの基軸として「キャリア教育」が設定されるようになってきている。社会人を対象とした「キャリア教育」は、厚生労働省や文部科学省などの行政の枠にとらわれず、企業内教育とは異なり、個人の主体的な学習や自律的・自立的な自己実現を目指す学習として実践的に探究されるべきものである。近年、カウンセラーなど特定の職種については、公開講座や「授業公開」などで、「大学

開放」事業として対応する例も増加しているが、国立大学をはじめ多くの大学では、今後本格的に事業展開される必要がある、というのが現状である。

　キャリア教育についてはこれまで弘前大学でも、平成16年度から自治体(青森県)と共催で「あおもりツーリズム人づくり大学『はやて』」という公開講座を実施してきた。これは、講師陣に大学教員、観光業や旅客業などの第一線で活躍している企業人(例えば、「星野リゾート」の星野氏や「東京ディズニーリゾート」の田丸氏等)などを迎え、地域の産業の活性化なども視野に入れながら、主として観光業や接客業などに関わりを持つ人々の「キャリア教育の場」として重要な役割を果たしている。

　この他、弘前市教育委員会と弘前大学生涯学習教育研究センターと共催で、「公民館等職員研修」を実施している。弘前市の地区公民館・中央公民館の職員等を対象として、社会教育・生涯学習に携わる職員の力量向上を図る研修を実施してきた。また、ピアノ指導者を対象として、その指導力の向上を図る、キャリア教育としての性格をもった講座等も実施してきている。

　こうした経験からも、「大学開放」の一環として、「キャリア教育」が積極的に追求されるべきである、と考える。

　ところで、今日、日本の大学進学率は約50パーセントになり、高校と大学の連携を視野に入れた「教育改革」が必要とされている、と考える。これまでの教育は、教科に分割されさらに受験にシフトして「学力」が一面化されると同時に「選別」のツールになっている。また、従来「職業科」は特定の職種に特化した教育であるというとらえ方が根強くある。しかし、「キャリア教育」は「社会人・職業人」としてのトータルな形成を図るものであり、そうした視点を基軸として「教育改革」を展望する、そのために具体的に可能性を明らかにする必要がある。

　外国の事例に学ぶという意味では、オーストラリアの例は極めて示唆に富むものである。

　オーストラリアにおける高等教育の所管は、「教育・雇用・職場関係省」

（Department of Education, Employment and Workplace Relations）である。日本の厚労省と文科省が統合されたような部門で、高等教育や職業教育が一元化されている。「TAFE」(Technical and Further Education)という職業教育システムでは様々な職業コースが開設され、専門的な知識・技能を持った職業人の育成が図られている[3]。同時に、「TAFE」を修了した後に普通の大学に進学することも可能であり、高等教育における職業人養成と大学進学が統一されているのである。

（3）「個人」の「学び」を考える

生涯学習について問い直すため、今日的な状況下の、個人の日常的な生活の営みにおける「学び」や意識と行動について考えてみよう。

現代社会は、極めて高度に商品化が発展した社会であり、多様な商品・サービスを購入し消費する、ということで個人の生活が成立している。一定の貨幣さえあれば、「衣食住」の生活は可能である。また、高度に情報化した社会であり、新聞・テレビ・雑誌などのマスコミが提供する多様な領域の情報のみならず、否むしろインターネットを通じた情報の入手・共有が個人の生活の中で非常に大きな比重を占める傾向を強めてきている。

こうした社会状況にあって、現代社会における「個人」の意識や価値観・行動規範などを決定する要素をどのように捉えるのか、ということは重要な論点になる。ここでは、自己の即自的な興味関心に基軸をおいて「内向き」に状況を認識し、行動しようとする態度を、「自己完結的個人」として表現しておきたい。

「ニート」と呼ばれる人々が、労働や教育・就業準備に参加することなく「内向き」の生活をしていても、「商品・サービス」を日常生活で購入し消費している限り、客観的には社会的に提供されたものを消費しているのであり、個人の生活が社会的に支えられていることは間違いない。しかし、「内向き」ということは、「自己完結的な自己」の枠の中で価値判断し行動する、ということである。

「ニート」の個々人の実際の姿は多様ではあるが、いずれにしても現実には、家族という「社会」の構成員と交流したり、情報を共有するということでゲーム・音楽・動画などの文化的要素を共有したり消費しているのではあるが、後述する「社会的個人」というところまでは価値観・行動規範を積極的に形成せず、したがって実践もしない、ということである[4]。

（4） 個人を「社会的個人」として捉える——「社会参加」を考える上での基本視角

「自己完結的な個人」は、この小論をまとめる上で概念的に設定したものではあるが、実生活においても個人として自由に使える時間帯には、その個人の直接的な要求や興味関心・感情・肉体的要求などいわば「即自的自己」に発した行動をとったり、精神的活動を楽しむ、ということは多い。もちろん、本来の「自由時間」においても、以下に述べる「社会的個人」の視点から様々なものにチャレンジしたり、精神活動を行う人も多いのだが。あるいは、一人の具体的な個人に即してみれば、一定の社会的条件と個人的な条件の「対抗関係」の中で、「自己完結的な自己」に重点を置く場合と「社会的自己」との中で往復する、ということである。

個人が「社会的個人」としての自覚・認識をしたとき、その認識の下で情報を収集したり、一定の価値判断を行ったり、自らの技能向上を図ったり、世界観の再構築を図る、感動を覚える、といったことを追求していくことになる。それは、それ以前の段階（先に「自己完結的な自己」と呼んだ）における「自己の追求」とは相対的に区別されるべきことである。

個人が生活を営む上で、自己の欲求にもとづいて様々な行動をしたり自分の時間を楽しむという場合、積極的に他者・社会との関わりの中で自己の要求や果たすべき役割などを勘案して価値基準を求めたり実践する、といったことが求められる。そうした、視野の広がりの中で自己を問い直し、労働・生産を含め日常生活を営むとき、「社会的個人」として行動している、と捉えたい。

実際の個人の生活においては、職場の人間関係に自己の自由時間を制

約されることを忌避する傾向があり、社会的に提供される商品・サービスを購入し消費することを中心にして自己の文化的要求などを追求することで充足感を持つ人が多い。そのこと自体は否定されるべきことではないが、自己をより社会的な関わりの中で捉え直す、その探求のなかで自己の拡張・自己実現を図る、という生き方こそが「社会的個人」を意識化した姿なのである。

　このように「社会的個人」としての自己の成長発達を目的意識的に追求するようになるためには、本人の努力だけでなく、様々な社会関係における他者の存在が多様な形で作用している、と考える。直接的な人間関係としては、家族や近隣の人間関係から、職場・学校などにおける人間関係、そして文化活動やスポーツ活動などを通じた人間関係など、多様なものが考えられる。さらに、間接的な人間関係として、マスコミや様々な情報の流通手段などをとおして、歴史的・社会的に蓄積された様々な情報や文化遺産、あるいは社会的矛盾の現出状況などが「他者」として働きかける、ということが設定される。

　もちろん、「自己完結的な自己」と「社会的自己」の区別は概念的であり、実証することは容易ではない。また、単純に成長発達段階で規定されてくるものではない。成長発達段階に応じて、個人が社会的に取り結ぶ「社会」の内実は当然異なってくるのであり、そのことから「社会的個人」として意識化される本人の意識は、その判断材料を異なったものとして意識するのではあるが。例えば、学生として社会生活を営むという場合と、社会人として企業などで雇用されて社会生活を営む場合とでは自ずと異なってくる。学生バイトとして飲食店などで働く場合と正職員として働く場合とでは、一見すると「働く」という意味では同じ行動のように見える。しかし、「働く」という「場」を構成する条件は大きく異なったものとなる。「バイト」と「正職員」という身分上の差異に起因する労働条件の違いから、「働く」ということへの目的意識的な学習や労働の遂行において、違いが生じてくる。もっとも、個人としては「バイト」と「正職員」との区別なく「一所懸命」に、誠実に働く、というスタンスにある人は多いのだ

が。

3. 「社会的排除」と「社会参加」——生涯学習の視点から

　「社会参加」という用語は、生涯学習の推進をはかる立場から位置づけられるようになってきた、ということができるのではないか。つまり、この間行政では様々な施策が「生涯学習」の一環として展開されてきた。「学習活動」そのものを推進するという意味合いが強く、さらにその学習の成果を生かす、ということが政策課題として捉え直されることが求められるようになったからである。いわば、自己完結的な「学習」にとどまらず、その成果を何らかの形で実践に結びつけていきたい、ということである。教育や福祉・環境問題・地域づくり・起業・ボランティア・NPOその他様々な活動領域で、問題意識を持ち何らかの実践に移して欲しい、というのである。

　「学習した成果を生かす」ということは、個人にとってもニーズとして存在している。自己の学習を社会的に評価されたい、あるいはキャリア形成やスキルアップに結びつけたいという人も多い。その意味では、「社会参加」が内発的なものとなっている。

　ところで、ある意味では、「学習」は、本来自己完結的なものである。自己の興味関心に対応した、多様な形態・方法・内容が追求し得る。学習の要求・必要性が、労働・生産・生活により強く結びつけて意識化された時、あるいは生活の営みの中で具体的な目標があってその目標実現のために学習が追求されるということで、「学習の成果」ということが自己の中で明確化されることになる。あるいは、自己について「社会的自己」として意識し、行動する中で目的意識的に学習を追求する、ということもある。

　最近の動向として、社会的には個人が学習活動を展開したり、学習した成果を「社会参加」ということで生かしていくことが次第に困難になっている、という状況も否定できない。「社会的排除」という用語は多義的

であるが、「排除」されることで「社会参加」どころか「学習」することさえ困難な状況におかれている人も決して少なくはない。

また、「学習の成果の活用」ということを社会的に位置づけた場合、現代社会における「個人」の学習活動の展開やそれを規定する条件についての考察が必要とされてくる、と考える。

（1）「社会参加」の捉え方について

一定の学習活動に参加した上で、その学習成果を生かすものとして「社会参加」が捉えられている。しかし、「学習活動」を日常的な労働・生産・生活の中での恒常的な活動として捉えた場合、一定の学習機会に参加するようになること自体が「社会参加」の第一段階として位置づけられるのではないか。つまり、後に触れるが、「社会的排除」という現実が広範に存在するなかでは、公民館の講座に参加したり、大学の公開講座に参加したり、図書館で本を読むといった活動が、さらに地域網羅的な地域組織（老人クラブや地域婦人会など）の活動に参加することも、「社会参加活動」の第一段階として捉えられる。なぜならば、自己の存在を「社会的自己」として漠然と自覚した中で、客観的に自己分析は十分なしえていないにしろ、他者との社会的なつながりの中で自己の要求する学習要求を充足させようとしているからである。それは、優れて「社会的自己」への発展を遂げたもの、として捉えられるのである。「自己実現」として、社会的に提供される学習機会に参加すること自体が「社会参加」の第一段階である、と考える。

この間、学習を生かして「社会参加する」という場合、「ボランティア活動」や「NPO」の活動が重視される傾向にある。もちろん、ボランティア活動やNPO活動は、多くの場合、個人の自発的な意志に基づく「社会参加活動」として捉えられる。このほか、職業人として、行政や企業などの一員として業務を遂行することも、いうまでもなく「社会参加」として捉えることができよう。「職業」や「仕事」以外の場面だけで「社会参加」を捉えることは必ずしも正しくない、と考える。

さて、「社会参加」について検討する上で、現代社会の特質について簡単に触れておきたい。先にも触れたように、現代社会は高度に商品経済が発展し、人々は商品・サービスの消費者として「社会」と関わりを持つ存在となり、そこに起因する意識・価値観・行動規範の特質を持つことになる。いわば「消費者」として受動的に様々な商品・サービスを購入し消費する生活を営むのであり、それは、衣食住、教育、医療なども含まれており、文化的なものや、さらに情報・通信も同様である。

　しかし、一方的に「消費する」だけではない、という場合も多い。地域的な組織・団体で活動する中で、他者と交流したり、自主的にグループ・サークル活動に参加する中で「社会的存在としての自己」という立場に立ち、役割を果たしている例も多い。しかし、現役を離れ、さらに高齢化した場合には、「社会的存在としての自己」は受動的なものになる例も多い。それは、「子育て」を終えた世代になると「PTAとの関わりを絶ってしまう親」ということと同様である。PTAで経験した「社会的協同」の経験を蓄積し、それが次の生活に生かされる場合も多いが、「社会的存在としての自己」を規定する条件は、「子育ての終了」（学校卒業）と同時に条件を失う、変容させる、ということである。また、後にも触れるように、企業などから退職する場合も、同様の傾向を示すことが多い、ということも事実である。

　以上のことをふまえ、「社会参加」をめぐる基礎的概念の検討を、以下の3点に絞って行いたい。

　第一に、労働・生産・生活過程の位置づけについて触れておきたい。現代社会における労働は、その多くが資本に指揮監督される社会的・集団的労働編成の一環として遂行される。生産の場合にも、例えば自動車産業の場合には、1台の車の生産はおよそ3万の部品で構成されているといわれているが、そうした部品の供給は関連企業からの納品によって成り立っているというように、資本相互の有機的連携の下で遂行されている。それらが経済システムとして機能し、「社会」の内実を構成しているのである。流通過程においても、同様に様々な相互規定的な資本との

連携が成立している。生産の社会化、そしてグローバル化が著しく進行していることは、この間の「東日本大震災」やタイにおける洪水によって、特定の商品生産・供給がストップすることで、国内はもとより世界的規模で自動車や携帯電話・パソコンなどの生産が中止せざるを得なくなっている状況をみれば明らかである。

「住民」の「社会参加」を検討する際に、現代の高度に発達した資本主義国である日本社会を前提とすることが重要である、と考える。つまり、(イ)資本によって労働が編成管理されるという側面、(ロ)社会全体で必要とされる生産財・消費財・サービスの大部分が、資本間の競争を内在させながらも、資本によって供給されているという側面、(ハ)したがって「社会」の内実の大部分は、資本主義的生産様式に規定されたものとしてシステム化されている、という特徴をもっている。

これに対して、後に述べるように、今日では資本による労働力の排斥などを基軸とした「社会的排除」が強まる傾向にある。

第二に、行政やボランティア・NPO活動の基本的な特質について触れておきたい。先に述べたように、社会的に供給される生産財・消費財やサービスの多くが、資本によって社会的に供給されているとはいえ、行政やボランティア・NPOなどが、一方で資本と共存しながら他方で資本の活動を補完する形で多くの生産財・消費財・サービスを提供していることも重要な意味を持つ。例えば、公共交通機関、教育、福祉等の領域では顕著である。小中学校の圧倒的多数は、「義務教育」のシステムの下、自治体・国の管理の下で管理運営されている。同時に、行政システム全体の性格として、資本の機能を一面でサポートし、他面でコントロールする役割を担わされている、という側面にも注目する必要がある。つまり、各種のインフラの整備や経済システム、法の整備などが、行政サービスとして実施される場合、資本の活動を積極的に保障する、活性化させるというコンテクストでなされる場合と、資本の横暴をコントロールするという側面で作用することが求められている、ということである。

また、全社会的に生産財・消費財・サービスの供給の展開を見渡した場合、資本の利潤追求が比較的困難な場面において、行政やボランティア・NPO活動に求められることが多い、ということも指摘しておきたい。とりわけNPOの活動としては、自営業者の権利保障という側面もあって、農協・漁協などが果たしている役割も決して小さくない、と考える。
　第三に、多様な組織・団体・グループなどにおける活動への参加について触れておきたい。社会的に活動する組織・団体・グループには、多様な領域で、多様な内実をもったものが無数に存在している、と言って良いだろう。社会教育関係団体に限定しても、地域婦人会や青年団（今日ではその組織が弱体化したとはいえ、一定の役割を果たしていることは否定できない）をはじめ、多くの団体が活動している。また、企業関連では、同業組合から商工会・商工会議所等々、多くの団体・組織が形成され、活動している。個人的な価値志向から発したグループも、子育て・教育・文化活動その他で多様なものがある。
　このように、多方面にわたる社会的組織・団体・グループの活動は、社会的な有用性を持った、社会参加を必然とするものとして展開されている。さらに、地域では、町内会や老人クラブなどの組織が形成され、それぞれに社会活動が展開されているのである。
　このような組織・団体・グループは、一定の「社会的有用性」を実現することを目標として設定して組織化されているのであり、その活動に参加することも「社会参加」ということになる。

（2）「社会的排除」の深化
　これまで「社会参加」について述べてきたが、ここではその対極にある「社会的排除」と社会教育・生涯学習をめぐって論点整理を試みたい。
　「社会的排除」という用語はフランスで生まれ、EUにおいて一般化するようになった、といわれている。岩田によれば、フランスでは、すでに1970年代に「豊かな社会の新しい貧困」ということで、「社会保護」から除外された人々の存在が問題になっていた（岩田、2009、17頁）。

「社会的排除」という概念はまた、この間 EU で雇用をめぐる問題として取りざたされることが多かった。「理由の如何を問わず個人(集団)が社会から疎外されていると認識すること」といった意味あいで使用されることが多いようだが、必ずしも明確な、あるいは統一的な理解が存在しているわけではない。経済的な視点から問題にされることが多かったが、さらに宗教や言語、あるいは身体的能力や労働能力などが「排除」の基準となることにも問題が掘り下られるようになってきた、ということができよう。

「現役世代」を想定した場合、現実には不安定就労層に属していたり、何らかの障害をもっているために企業で雇用されていない、といった場合も決して少なくはない。先に考察したように、労働・生産から排除されている場合にはそのことで「社会参加」が困難な状況になることが多いのではあるが、失業状態・就職準備状況にあっても、ボランティアをはじめ「社会参加の活動」は、多様な場面で追求することが可能である。

また、「団塊の世代」などでは労働することが最優先され、企業への帰属意識も強い、という傾向が見られ、そうした人々が現役の場合には「労働」をとおして「社会参加」している、ということになる。通勤時間を含めると企業に拘束される時間が長く、いきおい家庭生活や地域での活動への参加は少なくなる傾向にある。したがって、退職すると同時に家庭や地域での「居場所」もなく、自ら積極的に「社会参加」することを追求できないでいる、という人も多い。もちろん、すべての人がそうだということではない。そうした状況にあっても、自己の生活を楽しみ、趣味などで「生きがい」を追求している人は決して少なくはない。それは、「自己実現」という要素と「間接的な人間関係の中での自己実現」を果たしているからである、と考える。

ここで、「社会参加」との関わりで、現代の労働の特質について簡単に確認しておきたい。

今日、多くの人々は企業で働いている。資本の下での労働は、労働する中で「社会参加」が遂行されているのではあるが、疎外されたものであ

る以上、「自己矛盾」を内在させたものとして展開されたものとなる。資本と賃労働との矛盾が、個人の中で自己矛盾として反映される、ということである。

とはいえ、働いて賃金・収入を得るという営みは、自己の中で「社会に役立っている」という意識や、「社会に自己の存在が認められている」という意識を容易に醸し出すことになる。また、「会社に貢献している」とか、「会社で役立っている」という、「社会」を所属する企業に特化した形で「社会参加」を意識化することも多い。それは、「疎外」の下での象徴的な意識の表出である。

しかし、企業に所属することを重視しすぎて家庭や地域での「居場所」を無視ないし軽視する傾向にある場合、退職して所属する企業との社会的関係が断ち切られた場合、とたんに「社会的自己」を失って「自己完結的な自己」に閉塞される場合も多い。そのような場合、先にも触れたように、多様な形での「社会参加」によって「社会的自己」へと自己変革を遂げるように努力する、学習することが必要となってくる．関連して、宮崎隆志は、「社会的排除」という状況が進行する中での社会教育・生涯学習の課題として次のように指摘する。「市民の自立性と連帯性を発展させる学びを保障する公的援助や条件整備のありかたが問われ、また開放的で解放的なソーシャルキャピタルを形成する社会教育の内実が問われている」(宮崎、2005、11頁)と。つまり、地域住民が「自立」しながら社会的に多様な関わりを持つ、「社会参加」をする、ということをサポートすること、あるいはそうした価値志向の育成や実践をサポートするために条件整備を行うことが社会教育に求められている、というのである。また、「社会的自立」について、「個人」のレベルでの学習課題として、「当事者に期待されているのは、おそらく状況を構成する力を獲得することであろう。もう少し、厳密に言えば、他者との社会的関係を肯定的な形成作用を有するものとして(学びあいの関係として)展開する力と言える」(宮崎、2005、15頁)と指摘していることが注目される。これは、今日の「若者」を主たる対象として検討しているものだが、「社会的排除」という現

実に立ち向かう上で重要な視点である、と考える。

（3） 最近の社会状況―「無縁死」が増大する傾向にあるということ―

　現代社会において「社会参加」が生涯学習の視点から課題として設定されるべきであるという現状認識に関わって、「無縁死」や「無縁社会」と呼ぶべき事態が都市部を中心に確実に進行してきている、ということを検討してみたい。

　近年、「無縁死」ということが取りざたされるようになってきている。NHK の報道(2010 年 1 月 31 日放送 NHK スペシャル「無縁社会～"無縁死" 3 万 2 千人の衝撃～」)によれば、平成 21 年の「無縁死」は 3 万 2 千人になるという。従来いわれてきた「孤独死」だけでなく、兄弟などの「縁者」がいながら、そうした「縁者」が葬式を引き受けなかったり、「お骨」の引き取り手にならないという場合が増えてきている、というのである。

　関連して、「特殊清掃」ということで、故人の遺物の整理を専門に行う業者も有り、急速に増加してきている、といわれている。一人の人間が死を迎えた際に、その葬儀の仕方は歴史的・地域的・社会的な特徴を持ったものとして執り行われる。現代社会では、とりわけ都市部では、家族・親族や職場・近隣の人間関係の内実が、かつてのものと大きく変容してきていることを反映して、「無縁死」が増加してきている、ということである。

　こうした状況が示すものは、「家族」や「親類」といった従来の「人間関係」の内実が希薄化してきていることである。「家族」や「親類」という、血縁を基本とした人間関係が、実質的に崩壊する状況になっている、ということである。その経過には、高度成長期以降に顕著となった、就職や進学等での「田舎から都会への移動」ということがあり、また、家族関係も「独り立ち」したのちには日常的な交流が実質的に疎遠となるということもある。ライフスタイルや価値観の多様化にともなって、家族の間でも乖離・対立したものとなる、ということが多い。家族機能の変容・低下、家族の崩壊ということの反映であり、家族・地域社会の機能の低

下・解体ということが底流にある、ということである。さらに、そうした社会状況に公的サービスが立ち遅れている、また、十分な施策が講じられていない、ということである。

　また、都会では、「相互関係」の内実が希薄化している、という現実がある。目的意識的に「地域」の創造をはかることがなければ、そこには「人間関係」の内実は希薄化したもので終始する都会の現実がある。

　こうした動向を規定する基本的な要因として、資本による労働力の吸引と反発や資本間の競争が存在し、グローバル化が進行する中で一段とその傾向を強めているのであるが、そうした経済システムへの理解があってこそ「社会参加」ということの意味が明らかになる、と考える。

　以上のような事態の進行は、決して「不幸な条件」の下におかれた「一部の人々」のみが直面している、というものではない。むしろ、現代社会が構造的に生みだしているものである、と捉えるべきものである。そうした文脈の中で生涯学習について論点整理を行う必要がある。

　関連して、現代社会が「情報化社会」と呼ばれていることについて触れておきたい。現代人は、様々な情報を目的意識的に、あるいは非目的意識的に日常生活の中で収集している。情報の内容とその入手の仕方は、「社会」の在り方と密接に関わりを持っている。戸別に配達される新聞は、個人と地域や「社会」とを結ぶ重要な機能を果たしているのである。

　しかし近年、インターネットが情報発信・収集の手段として非常に大きな役割を果たしてきていることを重視したい。とりわけチュニジアやエジプト、リビアなどでの社会変革において、当局側での厳しい統制がありながら、国民の中で情報が共有される手段として活用されていた。一方、これまでマスコミの中で主要な位置を占めてきた「新聞」が絶対的にも相対的にもその比重を低下させてきていることに注目しておきたい。即ち、新聞の発行部数が減少してきていること、人々が情報を入手する際に活用するものとして新聞と比較してインターネットの方が急激に大きな役割を果たすようになってきていること、ということである。その理由には、若者を中心とした「活字離れ」や、生活習慣のなかで「新

聞を読む」ということが次第に消失してきていること、新聞の購読料を負担と感じる人々が増加していること、なども考えられるが、何よりもインターネットで必要とする情報の入手が充足されるようになってきた（それで済ませている）ということである。

こうした傾向は、アメリカでより顕著であり、新聞購読者数が減少した結果、新聞社の廃業や、新聞社での大規模なリストラの進行、といった状況が生じているという。アメリカの場合、広告料収入の占める割合が大きく、この間の不景気で、広告料収入が大幅に低下してきている、という事情もあることが指摘されている。

今後、インターネットの普及の下で、新聞の果たす役割が一段と低下することが予想されているが、そのような事態は、これまで新聞が果たしてきた「権力の監視」といったことが大きく制約を受けることにつながり、市民の「知る権利」を著しく制約することになる、と危惧されている。

改めて新聞の果たしてきた役割を考えてみた場合、一定のオピニオン・リーダーとしての役割や、あるいは社会的な価値基準を提示するという役割を果たしてきた、と言えるのではないだろうか。政治家のスキャンダルを追及し、長期間にわたって関係者へのインタビューや「証拠」の探求などを行い、「真実」を追求し、そうした取材活動の展開の上に「不正を許さない」という社会的な共通の価値基準を提示してきた、ということである。

こうした新聞の役割が低下することは、民主主義社会の崩壊に直結する、と危惧されているのである。

おわりに

現代社会において人々は、生活を営む上で多様な学習が求められている。自己の内発的な要求から学習活動を行う場合も多いが、社会的に様々な人間関係を取り結ぶ中で、必要に迫られて学習することも多い。それは「自己完結的な自己」に閉じこもっていては、社会生活を営むことが困

難だからである。そのような、「自己と社会」との関わりの中で生涯学習を捉えていくことが重要である。

　また、今日、大学は「若者が職業的に学習するところ」という面を持ちながらも、積極的に地域・社会に「開放」されるようになってきている。「公開講座」や「社会人入学」等の「学習機会の提供」が行われている。学生の学習について考えた場合、地域住民の生活課題・地域課題と関わることで、社会矛盾を捉え学びを深めていくことが必要である。同時に、学生が持つ「教育力」についても積極的に評価していくことが求められている、と考える。

【註】
1　詳しくは、古舘(2011)を参照されたい。また、「弘前大学との地域づくり連携事業」については、庄司(2008)および庄司(2011)を参照されたい。
2　「キー・コンピテンシー」については、ライチェン、サルガニク(2006)を参照されたい。
3　「TAFE」については、石附・笹森編(2001)を参照されたい。
4　最近、「草食系」と呼ばれる若者像が話題となっていることに触れておきたい。恋愛に淡白だったり、かつて若者の志向のなかでは大きな比重を占めていた「車」や「酒」等に執着しない、他者からすれば「貪欲さ」や「覇気」に欠けるタイプの若者像である。これはもちろん正確な定義をし難いものではあるが、自己の中でそうした特徴付けを受容する人々、同時にそのようにグルーピングしようとする人々が一定の優位性をもつようになってきている、ということは否定できないところであるように思う。

【参考文献】
・石附実・笹森健編(2001)『オーストラリア・ニュージーランドの教育』東信堂。
・岩田正美(2009)『社会的排除』有斐閣。
・坂本徹(2009)「今、若者に必要なこと──高大連携によるキャリア形成を支援しよう」『弘前大学生涯学習教育研究センター年報』第12号、23－33頁。
・佐藤一子(2006)『現代社会教育学　生涯学習社会への道程』東洋館出版社、45頁。
・庄司輝明(2008)「大学と連携した公民館活動の新機軸──キーワードは「面白い！」と「三方一両得」」『弘前大学生涯学習教育研究センター年報』第11号、

45－61 頁。
- 庄司輝明(2011)「三方一両得のまちづくり――弘前市立中央公民館と弘前大学の連携」全日本社会教育連合会『社会教育』2月号、46－49 頁。
- 藤田昇治(2009)「キャリア教育と大学開放を展望して」『弘前大学生涯学習教育研究センター年報』第 12 号、1－11 頁。
- 藤田昇治(2010)「生涯学習と社会参加」『弘前大学生涯学習教育研究センター年報』第 13 号、1－13 頁。
- 藤田昇治(2011)「キャリア教育へのアプローチ――基本視点を模索して」『弘前大学生涯学習教育研究センター年報』第 14 号、1－11 頁。
- 古舘奈津子(2011)「大学と公民館、連携で生まれるもの――大学の授業『国際交流を考える』で作る公民館事業『国際交流パーティー』」『弘前大学生涯学習教育研究センター年報』第 14 号、31－41 頁。
- 宮崎隆志(2005)「モデルなき時代の社会教育」日本社会教育学会編『社会的排除と社会教育』東洋館出版社、9－19 頁。
- ライチェン，D. S.、サルガニク，L. H. 著(立田慶裕訳)(2006)『キー・コンピテンシー』明石書店。

【附記】
　この小論は、弘前大学における「教育学の基礎」というオムニバス形式の講義のなかで筆者が担当している回の、「生涯学習」に関する講義ノートを中心に執筆したものである。また、拙稿(2010)「生涯学習と社会参加」『弘前大学生涯学習教育研究センター年報』第 13 号、1－13 頁に加筆補正し、さらに拙稿「キャリア教育へのアプローチ――基本視点を模索して」(2011)『弘前大学生涯学習教育研究センター年報』第 14 号、1－11 頁の一部を再録する形でとりまとめたものである。

あとがき

　本書の刊行には、2012年3月31日をもって定年となられる、弘前大学教育学部・佐藤三三教授(社会教育)と村山正明教授(教育方法)のご退職を記念する意味が込められています。

　両先生は、1946年にお生まれになり、いわゆる団塊の世代として、戦後の日本といっしょに歩んでこられました。山梨県都留市出身で山梨大学教育学部を卒業した佐藤先生と、北海道函館市出身で弘前大学教育学部を卒業した村山先生は、進学された東北大学大学院教育学研究科で、所属研究室は違いましたが同じ院生として出会われました。その後お二人は、仙台大学、東北女子大学へとそれぞれ就職されましたが、佐藤先生は1976年に、村山先生は1984年に弘前大学教育学部に着任され、今度は同じ教育学科教室のメンバーとして再会されました。以来30年近くの長きにわたって、教育・研究そして大学・学部の運営に尽力され、ご一緒に活躍されることになります。

　お二人が弘前大学教育学部で過ごされたのは、日本の高度経済成長が終焉して低成長となり、日本社会の大転換が計られてきた時代でした。それらはやがて、新自由主義的改革を目指す政策となり、教育の世界では、臨教審路線に代表されるような改革の波をもたらすことになります。国立大学も例外ではなく、大学審議会の設置とその答申によって、弘前大学でも教養部の廃止と学部改組、大学院の重点化、自己点検評価、教員任期制の導入などの改革が一気に進められていきました。教育学部では、教員採用減に基づく教員養成系大学・学部の再編統合問題に直面し、教育実践センターや大学院の設置をはじめ、生涯教育課程の新設や教員養成学センターの設置など、「生き残り」をかけた学部改革が続きました。そして、

あとがき

ついに、民営化路線と国家公務員の減量化を目指す教育政策は、国立大学を法人化するに至りました。法人化後の大学は、「社会貢献」を中心とする「評判競争」のなかに巻き込まれていきましたし、教授会の自治を失った教育学部は、トップダウンの大学管理制度の強化に悩まされてきました。

以上のように、国立大学にとっては初めてといわれる苦難の時期に、お二人の先生は中心メンバーとして弘前大学、教育学部を担われてきました。まさに、これまでの経験が通用しないという新しい事態に次々と直面しながら、後に続く私たちの矢面に立って奮闘していただいたわけです。このことに対して、私たちは深く敬意を表するものです。

本書を執筆したメンバーは、佐藤・村山両先生の薫陶を受けながら、地方国立大学である弘前大学において教育学の諸分野を担当し、学生に対して教育問題や教育改革のあり方等を講義してきました。具体的には、弘前大学21世紀教育科目(教養教育)で「教育学の基礎」の講義を開講し、教育学部以外の学生にも関わってきました。これまでも、その時々の日本の教育課題について、『生涯学習社会の教育を探る』(牧野吉五郎・小沢熹・村山正明編、東信堂、1993)、『変革時代の教育を探る』(小沢熹、佐藤三三、村山正明編、東信堂、2003)などの著書を、教育学科教室が中心となって発信してきました。今回は、佐藤先生が弘前大学生涯学習教育研究センターの初代センター長を務められたこともあって、同センターの専任教員にも加わっていただきました。学校教育と社会教育の双方を見据えることによって、現代における教育や教員養成の課題に応えるべく、本書が多少なりとも貢献ができれば幸いだと思っています。

最後に、出版をご快諾くださった東信堂社長・下田勝司氏に心より御礼申し上げたいと思います。

2011年12月

弘前大学教育学部教育学科教室
編著者一同
大坪正一
平田　淳
福島裕敏

執筆者紹介(執筆順)

- 福島　裕敏(ふくしま　ひろとし)(第1章)(編者)
    1970年生まれ、東京都出身
    一橋大学大学院社会学研究科博士課程単位取得満期退学
    修士(社会学)(一橋大学)
    現弘前大学教育学部准教授(教育社会学)
    『教員養成学の誕生』(共著、東信堂、2007年)
    『教育社会学』(共著、学文社、2008年)
    『現代の教育改革と教師』(共著、東京学芸大学出版会、2011年)

- 遠藤　孝夫(えんどう　たかお)(第2章)
    1958年生まれ、福島県出身
    東北大学大学院教育学研究科博士課程単位取得満期退学
    博士(教育学)(東北大学)
    現岩手大学教育学部教授(教育史)
    主な著書・論文
    『近代ドイツ公教育体制の再編過程』(単著、創文社、1996年)
    『管理から自律へ　戦後ドイツの学校改革』(単著、勁草書房、2004年)
    『シュタイナー教育』(翻訳書)(単著、イザラ書房、2008年)

- 平田　　淳(ひらた　じゅん)(第3章)(編者)
    1970年生まれ、福岡県出身
    東京大学大学院教育学研究科博士課程単位取得満期退学
    Ph. D. Course, Department of Theory and Policy Studies in Education, Ontario Institute for Studies in Education of the University of Toronto 修了
    Doctor of Philosophy(University of Toronto)
    現弘前大学教育学部准教授(教育行政学)
    主な著書・論文
    『21世紀にはばたくカナダの教育』カナダの教育2(共著、東信堂、2003年)
    『「学校協議会」の教育効果に関する研究－「開かれた学校づくり」のエスノグラフィー－』(単著、東信堂、2007年)
    『教育行政学(改訂版)』(共著、学文社、2008年)

- 大坪　正一(おおつぼ　しょういち)(第4章)(編者)
    1953年生まれ、茨城県出身
    東北大学大学院教育学研究科博士課程単位取得満期退学
    教育学修士
    現弘前大学教育学部教授(教育社会学)

主な著書・論文
『地域と教育』(共編著、国土社、1988 年)
『地域形成の思想』(共編著、アーバンプロ出版、2007 年)

・佐藤　三三(さとう　さんぞう)(第 5 章)
1946 年生まれ、山梨県出身
東北大学大学院教育学研究科博士課程単位取得満期退学
教育学博士(東北大学)
現弘前大学教育学部教授(2011 年度末に退職)(社会教育)
　弘前大学生涯学習教育研究センター長(1996 年－ 2002 年)
　弘前大学教育学部長・大学院教育学研究科長(2002 年－ 2008 年)
　弘前大学教育学部教員養成学研究開発センター長(2007 年－ 2008 年)
　弘前大学大学院地域社会研究科長(2008 年－ 2012 年)
主な著書・論文
「社会教育はなぜ『社会教育』と命名されたのか(その 1 －その 5)」『弘前大学教育学部紀要』第 101 － 105 号(単著、弘前大学教育学部、2009-2011 年)

・深作　拓郎(ふかさく　たくろう)(第 6 章)
1974 年生まれ、茨城県出身
茨城大学大学院教育学研究科修士課程修了
修士(教育学)
現弘前大学生涯学習教育研究センター講師(社会教育)
主な著書・論文
『なぜ、今「子育ち支援」なのか』(共編著、学文社、2008 年)
『地域で遊び育つ子どもたち(仮)』(共編著、学文社、 2012 年夏刊行予定)

・藤田　昇治(ふじた　しょうじ)(第 7 章)
1951 年生まれ、青森県出身
北海道大学大学院教育学研究科修士課程修了
教育学修士
現弘前大学生涯学習教育研究センター准教授(社会教育)
主な著書・論文
『生涯学習を組織するもの』(共著、北樹出版、1997 年)
『地域を拓く学びと協同』(共著、エイデル研究所、2001 年)

索 引

あ

在り方懇談報告書………… 5, 8, 9, 12, 14, 15, 17
五十嵐顕………………… 90, 112
上原専禄………… 100, 107, 112
大田堯………………… 99, 101, 112
教える歴史…………………… 98, 102
おまかせ民主主義…… 106, 109, 112
親子劇場………………………… 144
オンタリオ州…………… 55-60, 70, 73, 74, 76-78, 80-83
オンタリオ州教員協会（OCT）
………………………… 59
オンタリオ州教員資格試験（OTQT）
………………………… 56

か

学習指導要領… v, 80, 106, 115, 116, 118-123, 125, 129, 133, 137
学習に関する王立委員会（RCL）
………………………… 59
覚醒… iv, 33, 34, 36, 42, 44-47, 49-51
学力低下論… 115, 122, 124, 125, 138
価値としての地域………………… 98
カナダ…… iv, vi, 55-57, 73, 81-83, 187
規制改革・民間開放推進会議…… 7
規制緩和… 6, 7, 73, 116, 122-124, 136
教育科学論争………………………… 90
教育基本法… 89, 92, 93, 102, 104-106
教育芸術………… 42, 46-49, 52, 54
教育芸術家………………… 42, 47
教育構造論争………………… 90, 91
教育実習関連科目の充実・体系化
………………………… 14, 28
教育実践論争………………… 90, 91
教育職員養成審議会………… 5, 30
教育専門職制度…………………… 93
教育の経済化……… v, 116, 117, 119, 123-125, 127, 128
教育の住民自治………… 93, 94, 97, 106, 110
教育の人間化……… v, 116-120-125
教員業績評価（TPA）………… 60, 61
教員制度改革………………… 7, 9
教員の専門的力量向上…… 8, 9, 28
教員文化………………… 22, 31
教員免許更新制（PLP）… i, iii, 7, 9, 11, 55, 56, 79
教員免許の国家資格化…………… iii
教員養成…………… i-ix, 5-19, 21, 22, 25-37, 42, 48-52, 55, 58, 59, 61, 63, 79, 82, 185-188
教員養成改革………… iii, vi, 5-9, 11, 12, 14, 16, 17, 21, 27, 28, 30, 32
教員養成学… ii-v, 5, 12, 15, 16, 30-32, 52, 82, 185, 187, 188
教員養成総合実践演習… 14, 16, 28
教員養成大学・学部の再編統合… 8
教室における質に関する法律… 61
教職意識の変容………………… 17
教職観…………… 11, 17, 18, 21-29

教職実践演習………… 9, 10, 11, 14
芸術………… iv, 33-37, 39-42, 44-54
芸術による覚醒…… iv, 33, 34, 42, 50
ゲーテ………… iv, 34, 37-40, 42, 43, 48-50, 52, 53
研究基盤性………………… 16, 17
献身的教師像………… 24, 25, 27, 28
憲法＝教育基本法体制………… 92
高等教育改革………… 7-9, 28, 35
国民教育運動………… 89, 104, 106, 108, 111
国民教育研究所……… 107, 108, 112
コミュニティとしての地域
　………………… 100, 111

さ

自我同一性地位……… 17-19, 25, 26
実践基盤性……………… 16, 28, 29
実践焦点化…………… 16, 17, 29
実践的指導力………… 9, 14, 16, 20, 21, 26-28, 30, 31
質保証……………… 8-11, 15, 28
児童館……… 146, 147, 153-156, 159
清水義弘…………………… 90
社会教育行政…… v, vi, 115, 116, 120, 121, 129, 130, 132-137
社会参加………… vi, 162, 164, 167, 171, 173-181, 184
社会的排除……vi, 162, 173, 174, 176-179, 183, 184
自由党………… 55-57, 60, 63, 69, 71, 73, 75-78, 80-82
シュタイナー……… iv, vi, 33-53, 187

シュタイナー学校（ヴァルドルフ学校）………… 34, 44
生涯学習……… iv-vi, 64, 72, 97, 112, 117-119, 121, 122, 129-133, 138, 158, 161-163, 166, 169, 170, 173, 177, 179-181, 183, 184, 186, 188
初任者研修（NTIP）………… 68
自律的発展力……… 14, 16, 18, 26, 30
新教育基本法……… 89, 102, 106
新自由主義………… 6, 28, 30
新自由主義……… v, vi, 6, 28, 30, 73, 88, 89, 99, 101, 103, 104, 106, 110, 111, 116, 122, 185
新保守主義………… 73, 74, 83
進歩保守党（PC）………… 56
スポーツ少年団…………… 144
政権交代………… 55-57, 59, 71, 73, 77, 80, 81
全人的………… 17, 18, 23, 24
専門学習プログラム（PLP）…… 56
想像的な認識…………… 48-50

た

大学開放………… 163, 167-169, 184
大学設置基準の大綱化………… 8
大学における教員養成… 7, 11, 27, 29
対象的思考………… 40
ダルトン・マギンティ………… 78
地域子ども会…………… 144
地域づくり政策……… 97, 98, 101
地域の地方化…………… 100
中央教育審議会…………… i, 5, 7-9, 27, 29, 31, 79, 118,

131, 138, 166, 168
直観……………… 39, 40, 42, 48

な

人間認識……… 33, 34, 42, 43, 48, 50

は

発達の原動力としての地域…… 100
発達の条件としての地域……… 99
久冨善之………………… 95, 112
広田照幸………………… 87, 112
不当な支配……………… 92, 93
変革対象としての地域………… 111
ベン・レビン…………… 78, 80, 81
ポストモダン論…………… 88, 101

ま

マイク・ハリス……………… 56, 74
増山均…………………… 145, 159
学びの歴史……… 98, 101-103, 112
マルクス主義教育学…………… 95
宮原誠一………………… 94, 154, 159

や

矢川徳光…………… 107, 112, 113
ゆとり教育………… 115, 119, 125

ら

リージョンとしての地域… 100, 111
レビュー・ステイタス… 62, 66, 68
ロジェ・カイヨワ……………… 145

編著者（執筆者紹介参照）

　大坪正一

　平田　淳

　福島裕敏

学校・教員と地域社会　　　　　　定価はカバーに表示してあります。

2012年3月25日　初版　第1刷発行　　　　　　　　　〔検印省略〕

編著者Ⓒ大坪正一・平田淳・福島裕敏／発行者　下田勝司　　印刷・製本　中央精版印刷

東京都文京区向丘1-20-6　　郵便振替 00110-6-37828
〒113-0023　TEL(03)3818-5521　FAX(03)3818-5514
Published by TOSHINDO PUBLISHING CO., LTD.
1-20-6, Mukougaoka, Bunkyo-ku, Tokyo, 113-0023 Japan
E-mail:tk203444@fsinet.or.jp　http://www.toshindo-pub.com

株式会社　東信堂（発行所）

ISBN978-4-7989-0104-6 C3037
Ⓒ Syoichi OTSUBO, Jun HIRATA, Hirotoshi FUKUSHIMA

東信堂

子ども・若者の自己形成空間――教育人間学の視線から	高橋勝編著	二七〇〇円
教育文化人間論――知の逍遙／論の越境	小西正雄	二四〇〇円
グローバルな学びへ――協同と刷新の教育	田中智志編著	二〇〇〇円
教育の共生体へ――ボディ・エデュケーショナルの思想圏	田中智志編	三五〇〇円
人格形成概念の誕生――近代アメリカの教育概念史	田中智志	三六〇〇円
社会性概念の構築――アメリカ進歩主義教育の概念史	田中智志	三八〇〇円
教育の自治・分権と学校法制	D・ラヴィッチ著 末藤美津子・宮本健市郎・佐藤隆之訳	六四〇〇円
学校改革抗争の100年――20世紀アメリカ教育史	D・ラヴィッチ著 末藤美津子訳	五六〇〇円
国際社会への日本教育の新次元	関根秀和編	四六〇〇円
今、知らねばならないこと――アメリカの挑戦（1945-1980）	関根秀和編	一二〇〇円
ヨーロッパ近代教育の葛藤	太田美幸	三二〇〇円
ミッション・スクールと戦争――立教学院のディレンマ	老川慶喜編	五八〇〇円
多元的宗教教育の成立過程――地球社会の求める教育システムへ	前田一男編	五八〇〇円
未曾有の国難に教育は応えられるか――アメリカ教育と成瀬仁蔵の「帰一」の教育	大森秀子	三六〇〇円
演劇教育の理論と実践の研究――「じひょう」と教育研究60年	新堀通也	三二〇〇円
教育の平等と正義――自由ヴァルドルフ学校の演劇教育	広瀬綾子	三八〇〇円
オフィシャル・ノレッジ批判――保守復権の時代における民主主義教育	K・ハヴ著 後藤武俊訳	三二〇〇円
〈シリーズ 日本の教育を問いなおす〉	M・W・アップル著 野崎・井口・小暮・池田監訳	三八〇〇円
拡大する社会格差に挑む教育	大桃敏行・中村雅子編	三五〇〇円
混迷する評価の時代――教育評価を根底から問う	西村和雄・大森不二雄編	二四〇〇円
教育における評価とモラル	倉元直樹・木村拓也編	二四〇〇円
地上の迷宮と心の楽園【コメニウス＝セレクション】	西村和雄・大森不二雄編	二四〇〇円
《現代日本の教育社会構造》（全4巻）	J・コメニウス 藤田輝夫訳	三六〇〇円
〈第1巻〉教育社会史――日本とイタリアと	小林甫	七八〇〇円

〒113-0023 東京都文京区向丘1-20-6
TEL 03-3818-5521 FAX 03-3818-5514 振替 00110-6-37828
Email tk203444@fsinet.or.jp URL:http://www.toshindo-pub.com/
※定価：表示価格（本体）＋税

東信堂

比較教育学——越境のレッスン	M・ブレイ編 馬越徹・大塚豊監訳	三六〇〇円
比較教育学——伝統・挑戦・新しいパラダイムを求めて	馬越徹編著	三八〇〇円
世界の外国人学校	末藤美津子他編訳	三八〇〇円
ヨーロッパの学校における市民的社会性教育の発展——フランス・ドイツ・イギリス	福田誠治編著	三八〇〇円
中央アジアの教育とグローバリズム	嶺井明子編著	三二〇〇円
世界のシティズンシップ教育——グローバル時代の国民／市民形成	嶺井明子編著	二八〇〇円
市民性教育の研究——日本とタイの比較	平田利文編著	四二〇〇円
多様社会カナダの「国語」教育（カナダの教育3）	関口礼子編著	三八〇〇円
国際教育開発の再検討——途上国の基礎教育 普及に向けて	浪田克之介編著	三八〇〇円
中国教育の文化的基盤	小川佳万	二四〇〇円
中国大学入試研究——変貌する国家の人材選抜	大塚豊監訳	二九〇〇円
中国高等教育独学試験制度の展開	顧明遠・大塚豊監訳	三六〇〇円
大学財政——世界の経験と中国の選択	北村友人他訳	三二〇〇円
中国の民営高等教育機関——社会ニーズとの対応	呂姥孝編 成瀬龍夫監訳	三四〇〇円
「改革・開放」下中国教育の動態	阿部洋編著	四六〇〇円
中国の職業教育拡大政策——江蘇省の場合を中心に	鮑威	五四〇〇円
中国の後期中等教育の拡大と経済発展パターン——江蘇省と広東省の比較	劉文君	五〇四〇円
中国高等教育の拡大と教育機会の変容	呉琦来	三八二七円
バングラデシュ農村の初等教育制度受容	王傑	三九〇〇円
オーストラリア学校経営改革の研究——自律的学校経営とアカウンタビリティ	日下部達哉	三六〇〇円
オーストラリアの言語教育政策——多文化主義における「多様性と」「統一性」の揺らぎと共存	佐藤博志	三八〇〇円
マレーシア青年期女性の進路形成	青木麻衣子	三八〇〇円
「郷土」としての台湾——郷土教育の展開にみるアイデンティティの変容	鴨川明子	四七〇〇円
戦後台湾教育とナショナル・アイデンティティ	林初梅	四六〇〇円
	山崎直也	四〇〇〇円

〒113-0023 東京都文京区向丘1-20-6　TEL 03-3818-5521　FAX03-3818-5514　振替 00110-6-37828
Email tk203444@fsinet.or.jp　URL:http://www.toshindo-pub.com/

※定価：表示価格（本体）＋税

東信堂

転換期を読み解く——潮木守一時評・書評集	潮木守一	二六〇〇円
大学再生への具体像	潮木守一	二五〇〇円
フンボルト理念の終焉？——現代大学の新次元	潮木守一	二五〇〇円
いくさの響きを聞きながら——横須賀そしてベルリン	潮木守一	二四〇〇円
大学教育の思想——学士課程教育のデザイン	絹川正吉	二八〇〇円
国立大学法人の形成	大崎仁	二六〇〇円
国立大学・法人化の行方——自立と格差のはざまで	天野郁夫	三六〇〇円
転換期日本の大学改革——アメリカと日本	江原武一	三六〇〇円
大学の責務	D.ケネディ 立川明・井上比呂子・坂本辰朗訳著	三八〇〇円
大学の財政と経営	丸山文裕	三二〇〇円
私立大学マネジメント	㈳私立大学連盟編	四七〇〇円
私立大学の経営と拡大・再編——一九八〇年代後半以降の動態	両角亜希子	四二〇〇円
ドラッカーの警鐘を超えて——経営学と企業改革から学んだこと	坂本和一	二六〇〇円
大学のイノベーション——マネジメント・学習支援・連携	坂本和一	二五〇〇円
30年後を展望する中規模大学	市川太一	二六〇〇円
大学行政政策論	舘昭	二三〇〇円
改めて「大学制度とは何か」を問う	舘昭	一〇〇〇円
原点に立ち返っての大学改革	舘昭	一〇〇〇円
戦後日本産業界の大学教育要求	飯吉弘子	五四〇〇円
韓国大学改革のダイナミズム——ワールドクラス〈WCU〉への挑戦	馬越徹	二七〇〇円
現代アメリカの教育アセスメント行政の展開——マサチューセッツ州（MCASテスト）を中心に	北野秋男編	四八〇〇円
現代アメリカにおける学力形成論の展開——スタンダードに基づくカリキュラムの設計	石井英真	四二〇〇円
スタンフォード21世紀を創る大学	ホーン川嶋瑤子	二五〇〇円
大学教育とジェンダー——ジェンダーはアメリカの大学をどう変革したか	ホーン川嶋瑤子	三六〇〇円
アメリカ大学管理運営職の養成	高野篤子	三二〇〇円
アメリカ連邦政府による大学生経済支援政策	犬塚典子	三八〇〇円

〒113-0023　東京都文京区向丘1-20-6
TEL 03-3818-5521　FAX 03-3818-5514　振替 00110-6-37828
Email tk203444@fsinet.or.jp　URL:http://www.toshindo-pub.com/

※定価：表示価格（本体）＋税